Karl Ernst Ursula Ruthemann

10 × 10 Gesprächsübungen

Kommunikationsaufgaben für die Grundschule

Band 18 der Reihe «10 x 10 Ideen für den Unterricht»

A B C D E F G H I K

Vorwort

Sprechen und Lesen/Schreiben sind die wichtigsten Bereiche des Sprachunterrichts, und sie sollen darum entsprechendes Gewicht erhalten. Die Förderung der mündlichen Sprachkompetenz wirkt sich auch auf die gegenseitige Verständigung in der Klasse, auf das Klassenklima und damit auf den gesamten Unterricht positiv aus. Kommunikationsfähigkeit ist in unserer vernetzen Welt eine entscheidende Kompetenz.

Die Verbesserung der Kommunikation geschieht auf der Grundstufe nicht über eine systematische Vermittlung von Gesprächsstrategien. Wichtiger als theoretische Kenntnisse sind Erfahrungen, die sich aus dem Erproben und aus der reflektierten Anwendung in konkreten Situationen ergeben. Es geht einerseits darum, sagen zu können, was man meint, und andererseits das Gemeinte und die Absichten in Äußerungen anderer einschätzen zu lernen.

Die Lehrperson muss in erster Linie günstige Rahmenbedingungen schaffen. Sie soll das Kind oft zum Gespräch mit einem anderen oder in der Gruppe anregen. Dabei muss sie selbst nicht immer Teil der Gesprächsgruppe sein, sondern darauf vertrauen, dass ergiebige Lernprozesse auch in der unbeobachteten Gruppe ablaufen.

Lehrpersonen sind manchmal unsicher, ob sie auf den korrekten Sprachformen beharren oder Fehler korrigieren sollen. Wir empfehlen bei den Übungen zur Kommunikation auf formale Korrekturen zu verzichten, um die Lust am Sprechen und die Bereitschaft, sich mitzuteilen, nicht zu beeinträchtigen. Eine falsche Form kann dadurch richtig gestellt werden, dass die Lehrperson die Form korrekt wiederholt. Wichtiger als die Frage nach der korrekten Form ist bei diesen Übungen die Frage, wer wen wie gut verstanden hat.

Die vorliegenden Anregungen sind aus einer Projektarbeit mit folgenden Studentinnen der Fachhochschule Aargau entstanden: Andrea Böhnel, Caroline Hauri, Partricia Lütolf, Brigitte Meyer, Yvonne Müller, Melanie Näf, Karin Richner. Sie dachten sich Aufgaben aus oder sammelten sie. Einige wurden mit Kindern erprobt.

Lektorat: Angelika Baum und Max Röthlisberger

Karl Ernst, Ursula Ruthemann

Orientierungshilfe

A 1 – A 10 Anlässe zum Sprechen schaffen und Situationen nutzen.

B 1 – B 10 Beziehungen: Mit angemessenem Gesprächsverhalten die Beziehungen positiv gestalten.

C 1 – C 10 Checkst du's? Sich verständlich ausdrücken, Verständnis klären und sichern.

D 1 – D 10 sich durchsetzen: Interessen vertreten, überzeugen.

E 1 – E 10 erzählen: Formen des Erzählens kennen lernen und üben.

F 1 – F 10 Feedback: Kritik empfangen, kritisieren ohne zu verletzen.

G 1 – G 10 gestaltend sprechen: Vorbilder nachahmen; in Rollen sprechen.

H 1 – H 10 hinterfragen: Gesprächsverhalten hinterfragen, durchschauen, planen.

I 1 – I 10 Interaktionsspiele: Spielformen zur mündlichen Kommunikation.

K 1 – K 10 Konflikte vermeiden und lösen; Gesprächsregeln erarbeiten.

Die Gliederung innerhalb der Kapitel richtet sich nach der Eignung für die Schuljahre: Die ersten Vorschläge können vom 1. Schuljahr an eingesetzt werden, dann folgen jene für die späteren Jahre der Grundschule. Immer aber sollen die Aufgaben der Klasse und der Situation angepasst werden.

Unter dem Stichwort «Anregung» finden sich verschiedene Schritte zu einer Idee; unter «Anregungen» sind mehrere Ideen zu einem Thema aufgelistet.

Literatur

- Berne, E.: Spiele der Erwachsenen. Rowohlt rororo TB, Reinbek 1970
- Birkenbihl, V.: Kommunikationstraining. Weltbild Verlag GmbH, Augsburg 1994
- Büchel, E., Isler, D.: Sprachfenster. Lehrmittelverlag des Kantons Zürich. Zürich 2001
- Gudjons, H.: Didaktik zum Anfassen. Klinkhardt, Bad Heilbronn 1998
- Hagedorn, O.: Konfliktlotsen. Klett, Stuttgart 1994
- Klippert, H.: Kommunikationstraining. Beltz Verlag. Weinheim und Basel 1995
- Schulz von Thun, F.: Miteinander reden 1 – 3. Rowohlt rororo TB, Reinbek 2000
- Tannen, D.: Das hab' ich nicht gesagt. Mosaik bei Goldmann, München 1999
- Weisbach, Ch.–R.: Professionelle Gesprächsführung. Beck DTV, München 1998

Einstieg

Klasse	15 Min.	ab 1. Sj.

Zu Beginn des Schultages zum Denken und Sprechen anregen

Anlässe zum Sprechen A 1

Die Kinder werden zu Beginn des Schultages dazu angeregt, sich mit dem Unterricht, mit den anderen Kindern oder mit sich selber zu befassen.

Anregungen

- Die Lehrperson informiert über das vorgesehene Tagesprogramm
  - Überlegt euch, wie ihr die Arbeiten angehen wollt, und besprecht es mit eurer Partnerin / eurem Partner.
  - Sprecht zusammen über das Programm. Notiert Fragen dazu und hängt sie an die Pinnwand. Sie werden anschließend für die ganze Klasse geklärt.
- Sprecht mit der Partnerin / dem Partner oder in der Tischgruppe während ca. 3 Minuten zu einem vorgegebenen Thema:
  - Was ich heute im Unterricht lernen will
  - Worauf ich mich heute besonders freue
  - Was ich auf dem Schulweg / seit gestern … Besonderes erlebt habe
- Die Lehrperson lässt Musik erklingen, liest einen Text vor. Dazu erhalten die Kinder einen Impuls:
  - Hört, wie das Horn die Melodie wiederholt aufnimmt …
  - Denkt euch eine Frage an den Autor der Geschichte aus.

Auswertung

- Gelingt es, die Kinder zum Denken und Sprechen zu animieren?
- Welche Kinder können sich selbstständig / themenbezogen äußern?

Kinder sollen in der Schule häufig zu Wort kommen. Sie sollen ihre Gedanken ordnen und für andere verständlich formulieren lernen.

Sie sollen aber auch lernen, anderen zuzuhören und sich auf deren Gedanken einzulassen.

Dies erreichen wir, wenn wir regelmäßig entsprechende Gelegenheiten schaffen.

Wenn die Gruppen kleiner sind, erhöht dies die Gelegenheit zum Sprechen. Andererseits schränkt dies die Auswahl der Anregungen ein. Wir empfehlen darum, die Gesprächsgruppen öfter zu wechseln.

Miteinander zu sprechen schafft auch Gemeinsamkeit. Der Tagesbeginn eignet sich darum besonders gut für Gespräche.

Einander etwas erklären

Partner	15 Min.	ab 1. Sj.

Die Kinder erklären anderen, was diese nicht verstehen

Anlässe zum Sprechen A 2

Die Aufgabe kann vorbereitet werden oder situativ gestellt werden, wenn sich ein natürlicher Anlass dazu ergibt.

Anregungen

- Die Kinder wenden sich mit Fragen zuerst an ihre Bankpartner/in oder an ihre Tischgruppe. Erst wenn sie keine Hilfe erhalten, wenden sie sich an die Lehrperson.
- Wer eine Aufgabe nicht versteht, lässt sie sich von einem (evtl. fest zugeteilten) Partnerkind erklären.
- Nach dem Lösen einer Denkaufgabe (z. B. eines mathematischen Problems) erklären zwei Partner einander, wie sie vorgegangen sind. (Vgl. C 1, S. 21)
- Jedes Kind geht einer spannenden Frage nach. Es informiert sich bei Erwachsenen oder mit Hilfe von Medien (Lexika, Internet …). Dann erklärt es den Sachverhalt in seiner Gruppe:
  - Wie funktioniert eine Taschenlampe?
  - Was ist ein Geysir?

Weiterführung

- In der Klasse werden Lernpartnerschaften gebildet: Je zwei Kinder unterstützen einander gezielt und systematisch. Sie arbeiten unaufgefordert zusammen, besprechen Aufgaben und Lösungswege und planen die Arbeit gemeinsam. Sie haben das Recht, leise miteinander zu sprechen.

Besonders jüngere Kinder sind eher auf die Lehrperson orientiert als auf die Mitschülerinnen und Mitschüler. Es ist ein wichtiger Beitrag zur Gesprächserziehung, dass die Kinder Situationen, miteinander ins Gespräch zu kommen, nutzen lernen. Sie müssen dabei abschätzen, wo ihnen andere Kinder helfen können und wo die Lehrperson nötig ist.

Es ist aber auch eine herausfordernde Aufgabe, jemandem einen Sachverhalt verständlich zu erklären. Und warum sollen nicht die Kinder selber sich in der Literatur informieren, die Weltwissen für Grundschulkinder zur Verfügung stellt?

Experten

Klasse	dauernd	ab 1. Sj.

Für bestimmte Hilfen stehen Mitschüler als Experten zur Verfügung

Anlässe zum Sprechen A 3

Eine Weiterführung der Idee, dass Kinder anderen etwas erklären, ist die Anregung, für bestimmte Spezialbereiche «Expertinnen» und «Experten» einzusetzen.

Anregungen

- «Rechtschreibsheriff»
  Wer ein Rechtschreibproblem hat, wendet sich an den «Rechtschreibsheriff», ein Kind, das sich in den Wörterbüchern schnell und sicher zu orientieren versteht.
- «Werkmeister»
  Wer mit einer Werkarbeit nicht zurechtkommt, wendet sich an ein Kind, das mit Schere, Leim, Messer usw. besonders gut zurecht kommt. Dieses hilft nicht nur, sondern zeigt auch, wie ein Problem angegangen werden könnte.
- «Dolmetscher»
  Wenn ein fremdsprachiges Kind neu in eine Klasse kommt, teilen wir ihm wenn möglich eine Person zu, die dieselbe Sprache spricht, aber schon gut Deutsch versteht.

Weiterführung

- Das Prinzip, dass Kinder bei anderen Kindern Hilfe suchen, lässt sich auf viele Schulsituationen ausweiten:
  - Wer mit den Rechnungen nicht zurechtkommt, darf sie sich von anderen erklären lassen.
  - Wer mit den Hausaufgaben Mühe hat, lässt sich helfen. usw.

Diese «Experten» sollen einerseits die Lehrperson entlasten. Andererseits bildet ihr Einsatz eine natürliche Gelegenheit zur Förderung der Kommunikation unter den Kindern.

Die Auswahl der Experten erfolgt zunächst nach ihren Fähigkeiten. Experten entwickeln ihre Fertigkeiten aber auch durch Üben weiter. Wichtig: Sie werden von Zeit zu Zeit abgelöst, so dass alle Kinder irgendwann ein Experten-Amt übernehmen können.

Die Idee des «Rechtschreibsheriffs» ist beschrieben in:

BRINKMANN, E.; BRÜGELMANN, H. (2002[8]): Ideen-Kiste. Verlag vpm, Hamburg

# Interview	Partner Gruppe	45 Min.	ab 1. Sj.
Von Menschen, die etwas Besonderes wissen, Informationen einholen	Anlässe zum Sprechen A 4		

Zu jedem Thema gibt es Fachleute, die besondere Kenntnisse haben. Wer bei ihnen Informationen einholen will, muss sich vorbereiten.

Anregung

- Wenn wir wissen, wer zu einem Thema Auskünfte geben kann, müssen wir Kontakt aufnehmen und um ein Interview bitten. Das muss vorbereitet werden:
  - Wie nehmen wir Kontakt auf?
  - Wie stellen wir uns selber und unser Anliegen vor?
  - Ist die Person bereit, uns ein Interview zu geben?
  - Wann und wo kann das Interview durchgeführt werden?
  - Können wir Video- oder Tonaufnahmen machen oder müssen wichtige Informationen laufend aufgeschrieben werden?
- Tragt alle Punkte zusammen, über die ihr eine Auskunft haben möchtet, und notiert sie in Stichworten.
- Ordnet die Fragen so, dass ein guter Gesprächsverlauf entsteht, und benützt den Stichwortzettel beim Interview.
- Fragt genau nach, wenn euch eine Auskunft nicht ganz klar ist. Seid auch bereit, zusätzliche Fragen zu stellen, die euch im Verlauf des Gesprächs einfallen.

Auswertung

- Haben wir anhand der Fragen, die wir vorbereitet haben, die wichtigsten Fakten und Zusammenhänge erfahren? Haben wir ein genaues Bild?

Schülerinnen und Schüler führen Interviews in der Regel als Gruppe durch. Sie müssen sich darum absprechen:

- *Wer knüpft den Kontakt und trifft die Absprachen?*
- *Wer begrüßt und stellt das Anliegen vor?*
- *Wer stellt die Fragen?*
- *Wer schreibt auf oder bedient die Geräte (vorher erproben!)*
- *Wer bedankt sich am Schluss für das Interview?*

Am besten erstellt die Gruppe im Voraus einen Plan: Wer tut was bis wann?

Über das Lernen sprechen

Einzeln	variabel	ab 1. Sj.

Die Lehrperson spricht mit den Kindern über ihr Lernen

Anlässe zum Sprechen A 5

Die Lehrperson denkt mit den Kindern zusammen über das Lernen nach und spricht mit ihnen über Motivation und Befindlichkeit.

Anregungen

- Wie kommst du darauf?
  Unabhängig davon, ob die Antwort eines Kindes richtig oder falsch sei, fragen Lehrpersonen: «Wie kommst du darauf? Wie hast du das gerechnet?» usw. Sie wollen die Denk- und Lernwege der Kinder erkennen, um sie gezielt unterstützen zu können.
- Arbeits-Rückschau
  Im Anschluss an größere Arbeiten und Projekte halten wir kurz Rückschau. Wir können Fragen stellen wie
  - Was ist mir gut gelungen?
  - Was gehe ich nächstes Mal anders an?
  - Was will ich zu diesem Thema weiter lernen?
- Elterngespräche über das Lernen und den Lernstand der Kinder finden heute in der Regel im Beisein des Kindes statt. Es soll sich dabei auch äußern dürfen und nicht nur zuhören müssen. (Das kann allerdings jene Eltern in einen Rollenkonflikt bringen, welche die Auffassung haben, Kinder hätten zuzuhören und zu gehorchen.)

Ein Gesprächsthema bietet sich in der Schule besonders an: Das Thema «Lernen». Es ist immer aktuell:

- *Beim Lösen einer Aufgabe (über die Lernverfahren sprechen),*
- *zum Abschluss einer Lernphase oder eines Unterrichtstages (Was haben wir gelernt?),*
- *im Zusammenhang mit Bewertung und Qualifizierung.*

Über das individuelle und das gemeinsame Lernen zu sprechen erhöht nicht nur das Bewusstsein für das Lerngeschehen, sondern trägt zum Bewusstsein bei, dass die Klasse als Gemeinschaft das Lernen mitgestaltet.

# Klassenrat	Partner Klasse	45 Min.	ab 1. Sj.
Miteinander über das Lernen und über die Klasse sprechen	Anlässe zum Sprechen		A 6

Der Klassenrat ist eine Gesprächsrunde, in der Arbeiten und Vorhaben besprochen und organisiert oder Fragen und Probleme der Klasse beraten werden. Damit wird eine Gesprächskultur erlernt und geübt, die der Gemeinschaftserziehung dient.

Anregungen

- Im Klassenrat wird das Zusammenleben beraten:
  - Welche Regeln sollen im Klassenzimmer gelten?
  - Wer übernimmt welche Ämter?
- Im Klassenrat werden Themen von allgemeinem Interesse besprochen und Konflikte gelöst:
  - Sammelt im Verlauf der Woche Besprechungspunkte (z. B. an der Pinnwand oder im Briefkasten).
  - Die Gesprächsleitung schlägt für die Beratung eine Reihenfolge vor.
- Der Klassenrat trifft Entscheide bezüglich
  - Gestaltung gemeinsamer Projekte (Schulreise, Schulfest)
  - Diskussionsleitung des Klassenrates

Auswertung

- Kommt ein fruchtbares Gespräch über die Arbeit und das Zusammenleben in der Klasse zustande?
- Werden die Gesprächsregeln eingehalten? Wie müssen sie allenfalls angepasst werden?

Hauptmerkmal ist, dass die Lehrperson sich für einen Teilbereich die Verantwortung mit der Klasse teilt, den Schülerinnen und Schülern also Mitsprache und damit auch Mitverantwortung zubilligt. Mündigkeit soll bereits in der Schule erlernt werden. Probleme und Konflikte sollen gewaltfrei und in demokratischer Art gelöst werden.

Regeln im Klassenrat

- Es wird sachbezogen und sachlich diskutiert.
- Fundierte Aussagen sind von bloßen Meinungen klar zu unterscheiden.
- Persönliche Angriffe und Verletzungen werden vermieden.
- Die Diskussionsleitung ist überparteilich; sie stellt Fragen, klärt, gliedert, erteilt Rederecht, fasst zusammen, lässt entscheiden.

Stellung nehmen

Partner Klasse	45 Min.	ab 2. Sj.

Alle äußern sich zu einer Frage oder zu einem Beitrag

Anlässe zum Sprechen A 7

Die Klasse befindet sich in einer Diskussion. Die Schnellen und Spontanen beherrschen die Runde. Um die Langsameren auch zu aktivieren, fordern wir sie auf, auch Stellung zu beziehen:

Anregungen

- Wir fragen öfter nach der Meinung aller: «Wer ist für A? Wer könnte eher B zustimmen? Jeder überlegt sich eine Meinung.»
- Überlege, was du zu dieser Frage findest. Zeichne oder schreibe deine Stellungnahme. Sie wird anschließend vorgelesen/gezeigt, oder die Lehrperson wählt einige Kinder aus, die der Klasse ihre Stellungnahme vortragen.
- Wer sich im Rahmen einer Diskussion äußern möchte, zeigt dies durch ein Zeichen an. Das Handheben der Ersten kann dazu führen, dass die Langsameren nicht mehr mitdenken.
  - Man kann eine kleine Figur, die auf der Bank liegt, aufstellen.
  - Eine rot-grüne Kartonscheibe wird mit Grün nach oben hingelegt.
- Eine Frage der Lehrperson richtet sich an die Tischpaare oder an die Tischgruppe. Die Gruppe diskutiert die Frage und gibt als Gruppe Antwort.

Es gibt Menschen, die sich in Gesprächen schnell und spontan äußern und andere, die zwar auch mitdenken, aber für einen eigenen Beitrag immer etwas zu langsam sind und darum kaum zu Wort kommen. Sie müssen lernen, sich einzubringen.

Bei diesen Formen werden auch die Langsameren oder Trägen dazu veranlasst, sich eine Meinung zu bilden und sie zu vertreten.

Ein Buch vorstellen

Klasse	20 Min.	ab 2. Sj.

Die Kinder lesen ein Buch und stellen es der Klasse vor

Anlässe zum Sprechen A 8

Die Aufgabe verfolgt mehrere Ziele:
- Die Kinder nutzen einen natürlichen Sprechanlass.
- Sie werden dazu angehalten, ein Buch zu lesen und sich darüber Gedanken zu machen.
- Sie animieren andere zum Lesen.

Anregung

- Stelle dein Buch vor: Titel, Autor/in, Erscheinungsjahr.
- Erzähle die Geschichte des Buches in kurzer Form.
- Sage, was dir am Buch besonders gefallen hat.
- Lies eine kurze Stelle vor, die dich besonders angesprochen hat oder die für die Geschichte sehr wichtig ist.
- Hat der Autor oder die Autorin weitere Bücher geschrieben? Welche kennst du? Kannst du einen Vergleich anstellen?
- Warum würdest du dieses Buch (nicht) weiterempfehlen?
- Was möchtest du als Nächstes lesen? Warum?

Varianten

- Die Kinder sprechen ihren Text auf Tonband. So entsteht mit der Zeit eine Sammlung, die man sich anhören kann, wenn man ein Buch auszuleihen beabsichtigt.
- Zum Buch wird lediglich gesagt, worum es geht. Die Einzelheiten werden von der Gruppe erfragt.

Die Aktion «Lieblingsbücher vorstellen» animiert eine Klasse zum Lesen und zum Austausch über gelesene Bücher.

Das Vorstellen soll vorbereitet werden. Dazu kann die Stichwortmethode benützt werden.
(vgl. A 4)

Vgl. auch

10 x 10 Leseanregungen

Unterrichtsbeitrag

Einzeln Gruppe	30 Min.	ab 3. Sj.	

Einen Unterrichtsbeitrag als kleinen Vortrag vorbereiten

Anlässe zum Sprechen A 9

Kinder haben für bestimmte Themen oft ein spezielles Interesse; häufig haben sie dazu auch bereits ein Vorwissen. Sie sollen ermuntert werden, dieses für die Klasse als kleinen Vortrag vorzubereiten.

Anregung

- Suche ein Thema, zu dem du Informationen geben kannst, die andere auch interessieren.
- Überlege, was du zum Thema schon weißt und was du sagen möchtest. Ordne deine Informationen und schreibe zu jeder ein Stichwort auf.
- Suche weitere Informationen und vielleicht auch Bilder zu deinem Thema in Lexika und in Sach- und Fachbüchern. Schreibe Stichwörter heraus.
- Gliedere deinen Vortrag:
  - Einleitung: Ich berichte über 1., 2., 3. …
  - Informationen klar gegliedert nach 1., 2., 3. …
  - Schluss: Beiträge der Mitschüler zum Thema
- Biete Gelegenheit zu Fragen.

Auswertung

- War der Beitrag klar und verständlich?
- Welche Stichwörter sind besonders nützlich gewesen?
- Was ist den Zuhörern von deinem Vortrag im Gedächtnis geblieben?

Vor der Klasse vorzutragen erfordert einiges:

- *Die Kinder müssen über Wissen verfügen, das für andere auch bedeutsam ist*
- *Sie müssen dieses Wissen durch Nachfragen, Nachlesen und Nachforschen erweitern.*
- *Sie müssen bereit und fähig sein, sich vor der Klasse zu exponieren*

Zwar sollen die Kinder von der Eingangsstufe an lernen, solche Beiträge zu leisten, aber die Lehrperson wird zuerst jene auffordern, die es sich problemlos zutrauen. Sie muss allenfalls auch Lehrunterlagen bereitstellen.

Die Aufgabe ist vom freien Erzählen und von Erfahrungsberichten zu unterscheiden. Hier geht es um Sachwissen.

Eine Sendung beurteilen

Gruppe	10 Min.	ab 3. Sj.

Zu einer Radio- oder Fernsehsendung Stellung nehmen

Anlässe zum Sprechen A 10

Die Kinder sprechen untereinander von sich aus oft über Radio- und Fernsehsendungen. Gemeinsame Erfahrungen werden hier zu Gesprächsanlässen gemacht.

Anregung

- Vergegenwärtigt euch die Sendung noch einmal. Ihr könnt auch Stichwörter dazu aufschreiben oder Skizzen machen.
- Überlegt dann die folgenden Fragen:
  - Wie habe ich mich beim Zuschauen oder Zuhören gefühlt?
  - Was hat mich besonders beeindruckt?
  - Was habe ich nicht verstanden?
- Sprecht miteinander in der Gruppe. Haltet euch zuerst an die drei vorgegebenen Fragen und sprecht nachher über die Einzelheiten:
  - Welche Figuren, welche Situationen waren besonders eindrücklich?
  - Wie hat die Musik, wie haben die Bilder auf euch gewirkt?
  - Was habt ihr Neues erfahren und kennen gelernt?
- Beurteilt die ganze Sendung:
  - Was ist besonders gut gemacht?
  - Womit seid ihr einverstanden, wo seid ihr anderer Meinung?

Variante

- Die Kinder sprechen über ein Buch, das von der Gruppe gelesen worden ist. Die Fragen werden entsprechend angepasst.

Die Kinder sollen lernen, Gehörtes und Gesehenes kritisch zu beurteilen.

Die Aufgabe kann eingesetzt werden, wenn die ganze Gruppe eine bestimmte Sendung gehört oder gesehen hat.

Freundschaft schließen

Partner Gruppe	45 Min.	ab 1. Sj.

Jemandem zeigen, dass man ihn gerne mag

Beziehungen B 1

Manchmal wissen wir zwar, mit wem wir mehr zusammenarbeiten oder die Freizeit teilen möchten, aber wir wagen nicht, auf die Person zuzugehen.

Anregung

- Gespräch in der Klasse: Wie habt ihr eure Freunde gefunden?
- Überlegt euch, mit welchen Angeboten ihr jemanden zur Freundschaft einladen könnt.
- Notiert Ideen an der Tafel.
- Diskutiert, wie man ein solches Angebot ablehnt, ohne den anderen zu verletzen.
- Überlege dir jetzt für dich selber, mit wem du gerne einen freundschaftlichen Kontakt pflegen, etwas gemeinsam unternehmen würdest.
- Überlege dir, bei welchem Angebot es für diese Menschen interessant sein könnte, mit dir gemeinsam etwas zu unternehmen.
- Mache jeder dieser Personen einen Vorschlag für eine gemeinsame Unternehmung.
- Besprecht in der Klasse, dass eine Einladung auch auf höfliche Art abgelehnt werden darf, ohne dass dies begründet werden muss. Das Ablehnen kann ritualisiert werden mit dem Satz: «Es tut mir leid, aber ich möchte dein Angebot nicht annehmen».

In der Klasse solche Freundschaftsangebote zu inszenieren ist sehr heikel, weil unbeliebte Kinder ihre Position in der Klasse deutlich spüren. Dennoch sollte das Thema «Freunde finden» zur Sprache gebracht werden, auch wenn die direkten Angebote dann nicht mehr organisiert, sondern den Einzelnen überlassen werden.

Es muss darüber gesprochen werden, dass jeder die Freiheit hat, eine Einladung zur Freundschaft abzulehnen, ohne dass deswegen eine Beziehung in Feindschaft umschlägt.

# Entschuldigung	Partner Gruppe	30 Min.	ab 1. Sj.
Ein Beziehungshindernis in Ordnung bringen	Beziehungen		B 2

Wenn man jemandem gegenüber ein schlechtes Gewissen hat, so belastet dies die Beziehung. Jeder weiß das, aber es braucht Überwindung, sich zu entschuldigen.

Anregung

- Ideenbörse: Es werden in der Runde Formulierungen gesammelt, wie wir uns entschuldigen könnten. Die Formulierungen können an der Tafel/auf Zetteln notiert werden.
- Zwei Freiwillige spielen
  - die eigentliche Entschuldigung
  - das Entgegennehmen der Entschuldigung.

  Aus der Runde kommen Verbesserungsvorschläge. Diese werden ebenso gespielt, bis alle mit einer gefundenen Lösung zufrieden sind.

Varianten

- Das Entgegennehmen einer Entschuldigung wird als Ritual eingeführt: «Ich nehme deine Entschuldigung an.» Damit soll die Hemmschwelle gesenkt werden.
- Mutigen können wir ermöglichen, eine Entschuldigung öffentlich auszusprechen, z. B. der ganzen Gruppe gegenüber. Die Schwelle, aber auch die Wirkung ist größer. Das soll jedoch freiwillig sein.

Sich zu entschuldigen braucht einerseits Einsicht und Bereitschaft, andererseits auch eine gewisse Größe. Wir können mit den Schülerinnen und Schülern Situationen thematisieren und Instrumente bereitstellen, damit sie im Anwendungsfall wissen, was gemeint ist, wenn wir jemanden auffordern, sich zu entschuldigen.

Wir wissen zwar, dass die formale Entschuldigung nicht unbedingt auch die Einsicht bedeutet, etwas falsch gemacht zu haben. Aber wir hoffen, dass über den Erwerb der Form auch die innere Bereitschaft zu harmonischem Zusammenleben entwickelt und gefördert werden kann.

# Komplimente-Duell	Partner	15 Min.	ab 2. Sj.
Die Hemmung überwinden, etwas Positives zu sagen	Beziehungen		B 3

Meckern fällt meist leichter, als etwas Gutes zu sagen. Und Komplimente entgegennehmen ist vielen Menschen peinlich. In spielerischer Form gelingt das viel besser.

Anregung

- In der Klasse werden die Partner per Los zugeteilt.
- Überlegt erst einmal allein, was ihr selber oder andere Menschen an eurem Partner gut finden. Überlegt um jeden Preis etwas Positives.
- Dreht dabei vielleicht auch etwas Kritisches ins positive Gegenteil um, z. B. für jemanden, der sich sehr ungewöhnlich kleidet: «Ich finde es mutig, dass du andere Kleider trägst als die anderen».
- Sagt euch zu zweit abwechselnd eure Komplimente. Beschränkt euch dabei auf die drei wichtigsten.
- Nehmt die Komplimente an, in dem ihr euch bedankt: «Danke für dein Kompliment» oder «Danke, dass ich jetzt weiß, wie du das siehst».
- Diskutiert hinterher in der ganzen Gruppe, wie es war, solche Komplimente zu hören.
- Diskutiert auch die Frage,
  - was man als Kompliment sagen darf,
  - was übertrieben und unehrlich wirkt,
  - wann es besser ist, ehrlich zu sein und nichts zu sagen, wovon man nicht ganz überzeugt ist.

Ziel der Übung ist es, das Formulieren und das Entgegennehmen eines Komplimentes spielerisch zu erproben. Allerdings sollten wir hinterher unbedingt auswerten, mit welchen Komplimenten man im wirklichen Leben zu weit gehen würde und wie man höflich und ehrlich zugleich sein kann.

Variante

Man kann es zur Auflage machen, keinesfalls etwas zu sagen, von dem man nicht überzeugt ist. Diese Variante ist schwieriger.

Tipp: Der Klassenrat eignet sich gut, um die Kultur der Komplimente zu üben. Damit werden positive Schulerlebnisse ins Blickfeld gerückt.

# Satzgeschenke	Partner Gruppe	30 Min.	ab 2. Sj.
Einander etwas Angenehmes, Gutes, Schönes sagen	Beziehungen		B 4

Satzgeschenke können Teil einer Kommunikationskultur werden, die das Positive betonen will. Es gibt viele Gründe dafür: Man möchte jemandem seine Sympathie zeigen, man bewundert jemanden, man möchte eine Handlung oder eine Auffassung verstärken usw.

Die Idee sollte anläßlich einer besonderen Gelegenheit eingeführt werden, z. B. wenn ein Kind Geburtstag hat.

Anregungen

- Alle schenken der ausgewählten Person *einen* Satz; dieser soll Freude bereiten, er ist ja ein Geschenk. Vielleicht sammelt die Gruppe beim ersten Mal Vorschläge, die auf einem Plakat für den Aushang notiert werden. Auf jeder Geschenkkarte steht natürlich auch der Absender. Der Satz kann Unterschiedliches thematisieren:
  - Was ich an dir besonders mag, ist ...
  - Du hast gestern gesagt ... ; das fand ich toll.
  - In der Sportstunde hast du mir mehrmals den Ball zugespielt.
- Bei besonderen Anlässen (z. B. in der Adventszeit) werden Satzgeschenke frei verteilt. Die Lehrperson muss durch eigene Geschenke dafür sorgen, dass die weniger beliebten Kinder nicht leer ausgehen.
- Man schreibt Satzgeschenke ohne Absender auf und verteilt sie ohne Angabe des Absenders. Jeder liest seine Geschenke vor und versucht zu erraten von wem sie stammen.

Die Menschen wollen bestätigt werden, nicht kritisiert. Für Lob und andere Geschenke sind sie daher in der Regel offen.

Geschenke verteilt man aus unterschiedlichen Gründen: Zunächst wohl, um jemandem eine Freude zu machen, dann aber auch, um den Beschenkten auf sich aufmerksam zu machen und für sich zu gewinnen. Dies kann bei dieser spielerischen Kommunikationsübung beiläufig bewusst gemacht werden.

Satzgeschenke sollen dann als Ritual eingeführt werden, wenn in einer Klasse sonst vorwiegend über andere negativ gesprochen wird. Satzgeschenke können einen Ausgleich schaffen.

# Mit dir möchte ich …	Partner Klasse	30 Min.	ab 2. Sj.
Neue positive Begegnungsmöglichkeiten schaffen	Beziehungen		B 5

Die Übung soll Gelegenheit bieten, neue Gemeinsamkeiten zu entdecken und zu positiven Interaktionen anzuregen.

Anregung

- Überlegt euch Tätigkeiten, die ihr mit jemandem aus der Gruppe gerne ausüben würdet. Als Regel gilt: Es sollen nur Vorschläge gemacht werden, die für beide mit Spaß oder Nutzen verbunden sind.
- Suche jetzt eine Partnerin / einen Partner, dem du mitteilst: «Mit dir möchte ich …». Du kannst versuchen, für die vorgesehene Tätigkeit zu werben, indem du deren Vorzüge herausstreichst.
- Der Angesprochene hat die Wahl, die gemeinsame Aktivität anzunehmen, sich Bedenkzeit zu erbitten oder abzulehnen.

Varianten

- Es kann mit fest zugeordneten Partnern gespielt werden oder es wird der erste Partner zugelost; danach ist der Markt offen.
- Es wird ein schriftlicher Inserate-Markt mit Tätigkeitsangeboten eröffnet, aus dem sich jeder eines auswählen kann.

Auswertung

Wer will, kann im Anschluss an eine Angebotsrunde sagen, über welches Angebot für eine gemeinsame Unternehmung er sich besonders gefreut hat.

Das Heikle an der Übung ist die freie Wahl der Gesprächspartner. Es muss darauf geachtet werden, dass jedes Kind von jemandem ein Angebot erhält.

Für die Lehrperson ergibt sich die Möglichkeit, die Beziehungen in der Klasse zu beobachten.

# Abschied nehmen	Klasse	30 Min.	ab 2. Sj.
Mit Abschied umgehen lernen	Beziehungen		B 6

Für den Abschied braucht es Rituale und einen gut gewählten Zeitpunkt. Die folgenden Vorschläge müssen immer der Situation angepasst werden.

Anregung

- Bereitet vor, was ihr dem Mitschüler, der Mitschülerin mit auf den Weg geben möchtet. Dies kann ein Wunsch sein, die Erinnerung an ein gutes Erlebnis, ein kleines Textgeschenk:
  - Ich wünsche dir, dass …
  - Was ich an dir besonders mochte …
  - Was ich dir noch sagen möchte, ist ….»
- Am Tage des Abschiedes findet ein kleines Ritual statt:
  - Es werden Abschiedswünsche spontan ausgesprochen, schriftlich überreicht oder in einer Runde erfragt.
  - Es werden (Wort)-Abschiedsgeschenke überreicht oder vorgetragen.
  - Dies kann mit einem Ritual verbunden werden:
    - > Gefaltete Schiffchen mit den Wünschen auf einem Bach davonschwimmen lassen
    - > Papierflieger mit Wünschen aus dem Schulzimmer segeln lassen
    - > Wunschzettel an davonfliegende Ballone hängen
  - Die Texte und Wünsche werden an einem besonderen Ort oder bei Kerzenlicht vorgebracht.

Arbeitsbeziehungen wie jene unter Schülern in der Schule haben einen Anfang und ein Ende. Mit der Übung soll erreicht werden, dass das Abschiednehmen (z. B. beim Übertritt in die Oberstufe, beim Umzug eines Kindes usw.) bewusst gestaltet wird.

Es wäre schön, du wärst …

Partner Klasse	30 Min.	ab 3. Sj.

Einem Partner mitteilen, wie man ihn haben möchte

Beziehungen B 7

Ein Grundkonflikt unter Menschen ist, dass sie nicht so sind, wie wir sie haben möchten. Die Übung hat zum Ziel, sich einerseits dieses Sachverhalts bewusst zu werden und ihn zu akzeptieren, gleichzeitig aber auch ausdrücken zu lernen, wie wir einen Partner eigentlich haben möchten, ohne diesen zu verletzen.

Anregung

- Setzt euch zu zweit einander gegenüber. Während zwei Schweigeminuten überlegt ihr, wie ihr das Gegenüber haben möchtet und wie ihr dies auf freundliche Art mitteilen könnt. Vorwürfe sind nicht zulässig!
- Die Übung beginnt mit den Worten: «Es wäre schön, du …» und endet mit: «Aber du hast natürlich die Freiheit, anders zu sein, als ich es möchte.» Dieses Ritual ist unbedingt einzuhalten.

  Wenn nötig kann eine unabhängige Person darüber wachen, dass die Regeln genau eingehalten werden.

Auswertung

Am Schluss soll die Lehrperson noch einmal betonen, dass jeder das Recht hat, so zu sein, wie er selber es als richtig erachtet.

Diese Übung kann verletzend sein, wenn die Forderung, anders zu sein, als Kritik an der Person erlebt wird. Es empfiehlt sich darum, mit freiwilligen Paaren zu beginnen.

Falls die Übung zu emotional werden könnte, soll sie mit einem weiteren Sprachritual abgeschlossen werden: Der Zuhörende sagt: «Ich danke für deine Anregung. Ich nehme mir die Freiheit, damit zu machen, was ich will.»

Falls der Anspruch auf Veränderung Missmut auslöst, können sich die Partner darauf beschränken, zu sagen, was ihnen am anderen auffällt, also ohne den Anspruch, dass dieser etwas verändern sollte.

# Verbindendes	Gruppe Klasse	30 Min.	ab 3. Sj.
Entdecken, was mich mit anderen verbindet	Beziehungen B 8		

Es ist für die Befindlichkeit und für das Beziehungsnetz innerhalb einer Gruppe wichtig, Verbindendes zu entdecken.

Anregung

- Notiert auf je einem Zettel
  - die Lieblingsbeschäftigung
  - die Lieblingsspeisen
  - verschiedene Lieblingsorte
  - das Lieblingstier
  - das Lieblingsspiel(zeug)
- Die Zettel werden vorgelesen und nach Ähnlichkeit gruppiert ausgelegt oder aufgehängt.
- Trefft euch mit den «Gleichgesinnten» und sprecht über euer gemeinsames Interesse.
- Gestaltet ein Produkt über das Thema, das euch verbindet, und stellt es den anderen vor:
  - ein Bild
  - eine Pantomime
  - ein Sketsch …

Oft wissen Schülerinnen und Schüler derselben Klasse nicht, dass andere gleiche oder ähnliche Interessen haben. Spielformen können diese sichtbar machen und einen Austausch in Gang bringen.

Das freut ihn. Das freut sie.

Partner	30 Min.	ab 4. Sj.

Erkennen, was andere besonders freut

Beziehungen B 9

Wer die besonderen Wertvorstellungen anderer kennt, kann sich darauf einstellen.

- Legt ein Mädchen auf sein Äußeres Wert, reagiert es auf eine Bemerkung über das beeindruckende Äußere.
- Ist einem Knaben seine sportliche Leistungsfähigkeit wichtig, reagiert er besonders dankbar auf eine Anerkennung solcher Leistungen.
- Ist jemandem Pflichterfüllung und Pünktlichkeit wichtig, kann er gewonnen werden, wenn man diese Eigenschaften bei ihm schätzt.

Anregung

- Diskutiert eigene Erfahrungen: Welche Art von Lob und Anerkennung ist euch selber besonders wichtig?
- Erstelle eine Liste von Personen, mit denen du zu tun hast. Notiere, welche Art von Lob und Anerkennung sie am meisten freut.
- Erprobt, wie andere auf die Anerkennung jener Verhaltensweisen, die euch selber wichtig sind, reagieren.

Auswertung

- Besprecht, was ihr für Auswirkungen erkennt.
- Diskutiert darüber, wo die Grenze zwischen *Motivation* und *Manipulation* anzusetzen ist.

Es gibt immer wieder Menschen, die vor allem durch Druck (Drohung und Strafe) zu einem gewünschten Verhalten veranlasst werden können. Wir sind der Meinung, dass zunächst alle Möglichkeiten der positiven Motivation erprobt werden sollten.

Zugegeben: Der Übergang von Motivation zur Manipulation ist fließend. Im Rahmen von Gesprächsübungen kann diese Grenze allenfalls angesprochen werden.

Anschluss finden

Partner / Gruppe | langfristig | ab 4. Sj.

Annäherung an eine Gruppe erproben

Beziehungen B 10

Es ist oft schwierig, den Kontakt zu einer bestehenden Gruppe zu finden. Diese ist von sich aus wenig bereit, Neuankömmlinge zur Teilnahme einzuladen. Bei der folgenden Übung soll darum herausgefunden werden, wie man bei einer abweisenden Gruppe Anschluss finden kann.

Anregung

- Diskutiert darüber, wie ihr in einer Gruppe Anschluss finden könnt.
- Erprobt in der nächsten Zeit einige Möglichkeiten, z. B.
  - Setzt euch zur Gruppe und beginnt erst nach einiger Zeit mitzureden.
  - Begrüßt die Gruppe: «Hallo!» und redet mit, sobald ihr im Thema seid.
  - Setzt euch zur Gruppe und bringt ein eigenes Thema ein.
- Erprobt in der nächsten Zeit verschiedene Formen des Anschlusses in unterschiedlichen Situationen, indem ihr euch zu Gruppen begebt, die
  - zusammen arbeiten
  - zusammen diskutieren
  - zusammen spielen.
- Berichtet später von euren Erfahrungen.

Das Bedürfnis der Gruppe ist es in der Regel, ein angeregtes Gespräch ohne Störung fortsetzen zu können. Wenn schon eine Störung stattfindet, gelten ähnliche Regeln wie bei Einzelpersonen:

- *Anfragen stimmen günstiger als wortloses Eindringen.*
- *Komplimente (… bei euch ist's lustig …) wirken als Türöffner.*
- *Wer zu viel von sich spricht (mir ist langweilig …), stößt damit kaum auf Interesse, solange er kein Gruppenmitglied ist.*

Sprechen am Telefon

Einzeln Partner	30 Min.	ab 1. Sj.

Telefonieren lernen

Checkst du's? C 1

Für viele Kinder ist Telefonieren etwas Alltägliches. Dennoch ist es wichtig, dass sie sich über einen geordneten Verlauf eines Telefongesprächs Gedanken machen.

Anregungen

- Tauscht Erfahrungen beim Telefonieren aus.
- Spielt ein Telefongespräch und beschreibt, was dabei der Reihe nach abläuft. Haltet die Schritte mit Stichworten fest.
- Spielt ein neues Telefongespräch und haltet alle Schritte genau ein. Zeichnet das Gespräch auf Tonband auf, damit ihr den Verlauf überprüfen könnt.
- Wählt eine Situation und führt dazu ein Telefongespräch:
  - Ihr erkundigt euch in der Bibliothek, ob ein bestimmtes Buch vorrätig ist.
  - Ein Unfall ist geschehen. Ihr müsst den Krankenwagen bestellen.
  - Teilt dem Lehrer mit, dass ihr den Unterricht nicht besuchen könnt.

  Im Anschluss werden die verschiedenen Lösungen besprochen.
- Sprecht euer Anliegen auf den Anrufbeantworter. Beschreibt, was bei einem Gespräch mit dem Anrufbeantworter anders sein muss.

Auswertung

- Vergleicht verschiedene Gesprächsverläufe und beurteilt, welche besonders klar waren.

Die Schwierigkeit beim Telefonieren besteht darin, dass die nonverbalen Signale fehlen: Wir können nicht am Gesichtsausdruck des Gesprächspartners ablesen, wie gut wir verstanden worden sind oder ob er/sie etwas beitragen oder entgegnen möchte.

Eine extreme Form ist das Sprechen auf den Anrufbeantworter. Dies muss darum speziell geübt werden. Es bereitet oft auch Erwachsenen noch Mühe.

# Genau zuhören	Partner Gruppe	30 Min.	ab 1. Sj.
Genaues und konzentriertes Zuhören schulen	Checkst du's? C 2		

Die Aufgabe soll dazu beitragen, dass wir auch auf Einzelheiten Acht geben lernen.

In Partnerarbeit oder in Kleingruppen bereitet jedes Kind eine Geschichte von 2 bis 3 Minuten Dauer vor. Sie kann erlebt oder frei erfunden sein. Es ist auch möglich, das Thema gemeinsam abzusprechen, z. B.

- Wie ich heute Morgen aufgestanden bin
- Ein Erlebnis aus dem letzten Urlaub

Zur Vorbereitung gehört, dass man sich für einen zweiten Erzähldurchgang drei Dinge überlegt, die man weglassen oder verändern wird.

Anregung

- Erzählt eure Geschichte zweimal, zuerst vollständig, dann mit den weggelassenen oder veränderten Teilen.
- Die Zuhörenden notieren sich, was beim zweiten Mal weggelassen oder verändert worden ist.

Auswertung

Wann ist es besonders schwierig herauszufinden, was weggelassen oder verändert wurde?

Variante

- Baut in eure Geschichte ist einen falschen Gedankengang ein. Wird die unlogische Aussage erkannt?

Die Erfahrung zeigt, dass es günstig ist, wenn die Geschichten vorbereitet werden. Haben die Kinder erst einmal Erfahrung mit dieser Aufgabe, können sie ihre Geschichten zu Hause vorbereiten.

Den Weg beschreiben

Jemandem einen Weg derart beschreiben, dass er ihn finden kann	Partner Gruppe	20 Min.	ab 1. Sj.
	Checkst du's?		C 3

«Sag mal, wo geht's denn hier zum Bahnhof / zum Schulhaus … ?» Auch Kinder kommen in die Lage, einen Weg beschreiben zu müssen.

Anregungen

Den Weg zum Bahnhof beschreiben
Wählt in der Gruppe ein Ziel und beschreibt den Weg dorthin. Vergleicht eure Beschreibungen und diskutiert darüber, welche besonders hilfreich ist.

Den Weg von der Schule nach Hause erklären
Überlegt euch, wie ihr den Weg von der Schule zu euch nach Hause erklären könnt. Fragt zuerst ein Kind, das den Weg kennt, ob es eure Beschreibung versteht. Beschreibt den Weg dann einem Kind, das ihn noch nicht kennt.

Schatzsuchspiel
Versteckt in der näheren Umgebung einen «Schatz» und beschreibt dem Partner den Weg dorthin.

Den Weg mit Hilfe der Karte erklären
Wählt in Partnerarbeit mit Hilfe des Ortsplans oder einer Karte im Maßstab 1:25'000 je einen Punkt und beschreibt der Partnerin / dem Partner den Weg dorthin. Sagt und zeigt, woran man sich unterwegs orientieren kann.

Auswertung

Wird der Weg anhand der Beschreibung auf Anhieb gefunden?

Voraussetzung für die Beschreibung des Weges ist, dass man sich selbst orientieren kann. Es ist nicht selbstverständlich, einen bekannten Weg für andere zu beschreiben.

Die Aufgabe verlangt zunächst eine Planung:

- *Welches sind die wichtigsten Informationen, auf welche kann ich verzichten?*
- *Wie kann sich mein Gegenüber aus meinen Angaben über Richtung und Distanzen ein realistisches Bild aufbauen?*

Weiterführung:
Ein Posten beim Orientierungslauf wird auf der Karte studiert. Er muss jedoch ohne Karte angelaufen werden, aber man darf sich die Wegbeschreibung notieren.

Bild vermitteln

	Partner Gruppe	30 Min.	ab 1. Sj.
Mit Worten ein Bild vermitteln	Checkst du's?		C 4

Mit Hilfe der Sprache sollen eigene Vorstellungen derart vermittelt werden, dass die Zuhörenden vor ihrem inneren Auge ähnliche Vorstellungen aufbauen können.

Anregung

- Partneraufgabe: Beide zeichnen ein einfaches Bild (ein Haus / ein Tier / einen Baum / eine Blume) ohne dass die Partnerin / der Partner es zu sehen bekommt.
- Sie setzen sich einander gegenüber auf, so dass sie nicht auf die Zeichenfläche des anderen sehen. A beginnt sein Bild zu beschreiben, B zeichnet es laufend mit: «Links steht eine etwa 10 cm hohe Tanne ...» Dann wird gewechselt, B beschreibt, A zeichnet.
- Am Schluss werden die Ergebnisse mit der Vorlage verglichen.

Auswertung

Diskutiert die folgenden Fragen:

- Wo stimmen Vorlage und Kopie überein, wo nicht? Wieso wohl?
- Welche Informationen haben die Aufgabe für die Zuhörenden / für die Beschreibenden erleichtert, welche haben sie erschwert?
- Wie können die Beschreibenden sicherstellen, dass sie so verstanden worden sind, wie sie gerne möchten?

Bei der Auswertung in der Klasse können z. B. Thesen folgender Art aufgestellt werden:

- *Es ist einfacher, das Bild nachzuvollziehen, wenn langsam und klar gesprochen wird.*
- *Eine Information ist leichter zu verstehen, wenn sie nach einer Struktur vermittelt wird.*
- *Wir dürfen nicht denken, dass ein Bild, das wir in Worten vermitteln, bei allen Zuhörenden anschließend genau gleich vorhanden ist.*

Das Wichtige erkennen

Partner / Gruppe	20 Min.	ab 2. Sj.

Den Kern einer Mitteilung vermitteln und erfassen

Checkst du's? C 5

Was das Wichtige in einem Gesprächsbeitrag ist, entscheiden die Zuhörenden. Was diesen geblieben ist, erstaunt die Sprechenden oft.

Anregung

- Bereite zu einem Sachthema einen Beitrag vor. Beispiele:
  - Rezept: Wie ich den Salat zubereite
  - Ein Lebewesen vorstellen: Igel / Spinne / Tulpe …
  - Wie ein Fahrradventil / ein Büchsenöffner … funktioniert
- Tragt eure Information der Partnerin / dem Partner, der Gruppe oder der Klasse vor.
- Lasst euch von den Zuhörenden die Information wiedergeben oder zusammenfassen.
- Überlegt, ob das, was euch wichtig war, verstanden worden ist.

Auswertung

- Habt ihr als Vortragende das Wichtige der Information vermitteln können? Seid ihr von den Zuhörenden richtig verstanden worden?
- Habt ihr als Zuhörende das Wichtige der Information erfasst?

Weiterführung

- Die Lehrperson lässt im Anschluss an Informationen zu einem Sachthema aufschreiben, was den Schülerinnen und Schülern wichtig erschienen ist. Diese lesen die Texte vor, vergleichen sie und sprechen darüber, welche Informationen besonders wichtig sind.

Es geht hier um das Verständnis, das entsteht, wenn Zuhörende die Informationen ordnen, zueinander in Beziehung setzen und gewichten. Sie müssen Wichtiges von Nebensächlichem unterscheiden, Wichtiges behalten und in einer eigenen Form wiedergeben.

Wenn Lehrpersonen im Anschluss an Vorträge vor der Klasse hie und da aufschreiben lassen und prüfen, was den Lernenden als wichtig erschienen ist, erfahren sie schnell, worauf sie beim Referieren achten müssen.

# Ein Spiel erklären	Gruppe Klasse	20 Min.	ab 3. Sj.
Ein Spiel so erklären, dass es auf Anhieb gespielt werden kann	Checkst du's?		C 6

Die Aufgabe kann mit dem Sportunterricht oder mit einem Ausflug auf den Spielplatz oder in den Wald verbunden werden.

Anregung

- Wählt für die Gruppe oder die Klasse ein Spiel aus, das noch nicht alle kennen.
- Bereitet es zum Erklären und Spielen vor:
  - Spielgruppen bilden und in die vorbereiteten Felder schicken
  - Spielidee darlegen
  - Spielablauf und Regeln erklären
- Spielt einen Probedurchgang. Unterbrecht nach einigen Minuten und klärt die Fragen, die sich ergeben haben.
- Dann kann das Spielen richtig losgehen.

Auswertung

- Kommt das Spiel schnell und leicht in Gang?
- Mussten nachträglich Einzelheiten geklärt werden, die in die Spielerklärung gehörten?

Ein neues Spiel zum Laufen zu bringen ist selbst für versierte Lehrkräfte nicht einfach. Wir gehen davon aus, dass die Kinder der Primarstufe einfache Formen wählen.

Da die Zuhörenden immer unterschiedlich gut verstehen, sollen Fragen im Anschluss an die Einführung nur geklärt werden, wenn das Spiel gar nicht läuft. Sonst spielen wir einen Probedurchgang und klären Fragen nach einigen Minuten aktiven Spielens. Will man ohne Probedurchgang alle Fragen klären, kann es vorkommen, dass so lange über die Regeln diskutiert wird, bis die Spielzeit abgelaufen ist.

Anleitung befolgen

Klasse Gruppe	30 Min.	ab 3. Sj.

Genaues und konzentriertes Zuhören schulen

Checkst du's? C 7

Es wird eine mündlich oder schriftlich gestellte Aufgabe ausgeführt.

Anregung: Beispiel: Fingerstricken eines Stirnbandes mit Wolle

- Wickle den Anfang eines Wollknäuels um den Daumen der linken Hand.
- Führe den Wollfaden über die Rückseite der Finger der linken Hand einmal um jeden Finger herum: Zeigfinger, Mittelfinger, Ringfinger, Kleinfinger und von dort über die Handfläche.
- Lass den Knäuel zwischen Daumen und Zeigfinger nach hinten zu Boden fallen.
- Ziehe am Ansatz des Zeigfingers auf der Handinnenseite den zuerst gelegten Faden über den zweiten hinweg über den ganzen Finger nach hinten (mit dem Finger hinausschlüpfen). Dann kommt der Mittelfinger usw.
- Jetzt wird der Faden erneut vom kleinen Finger aus über die Handfläche gelegt und die Aufgabe beginnt von neuem.
- Stricke mindestens 30 Touren und ziehe das Ende des Fadens durch die vier letzten Maschen, bevor du ihn verknotest.

Auswertung

- Wem gelingt es, die Aufgabe (auf Anhieb) zu lösen?
- Wem gelingt es gar, sie einer weiteren Person zu erklären?

Die Aufgabe muss stufenbezogen ausgewählt werden. In der Regel eignen sich Bastel- oder Spielanleitungen. Sie werden von einem Kind gelesen, erprobt und dann weitervermittelt. Allerdings empfinden viele es als unnatürlich, wenn eine Fertigkeit mit Worten statt durch Vorzeigen und Nachmachen vermittelt werden muss.

Varianten

Aufgabe weitergeben:

- *In einer Gruppe wird dem ersten eine Aufgabe eingeflüstert, die den Mitgliedern nacheinander weitergeflüstert wird. Das letzte Kind führt sie aus.*
- *Eine Aufgabe wird dem ersten Kind zum Lesen gegeben, dann führt es sie aus. Die anderen notieren die Aufgabe auf Grund ihrer Beobachtungen. Am Schluss wird mit der Vorlage verglichen.*

# Lösungsweg beschreiben	Partner	20 Min.	ab 3. Sj.
Einen Lösungsweg austüfteln und nachvollziehbar beschreiben	Checkst du's?		C 8

Bei diesem Schiebe-Spiel müssen die drei kreisförmigen Figuren auf die Plätze der quadratischen verschoben werden und umgekehrt. Dabei darf das Spielfeld mit den Figuren nicht verlassen werden. Auf einem Feld darf nur eine Figur stehen und die Figuren dürfen nicht über die Ecken oder über einander hinweg gezogen werden. Jedes Kind sucht für sich eine Lösung und beschreibt diese dann der Partnerin/dem Partner.

Anregung

- Suche Lösungen! Es sind verschiedene Lösungswege möglich. Wähle einen möglichst kurzen Weg aus und wiederhole ihn mehrmals.
- Bereite die Beschreibung vor, indem du sprichst: «Die mittlere runde Figur nach links ...» usw.
- Beschreibe deiner Partnerin / deinem Partner den Lösungsweg Schritt für Schritt, ohne mit der Hand einzugreifen, also nur mit Worten. Dann führt diese/r den Schritt aus.

Auswertung

- Gelingt es der Partnerin/dem Partner, den Lösungsweg auf Anhieb ohne Rückfragen und ohne Umwege nachzuvollziehen?
- Kann der Lösungsweg auch weiter vermittelt werden?

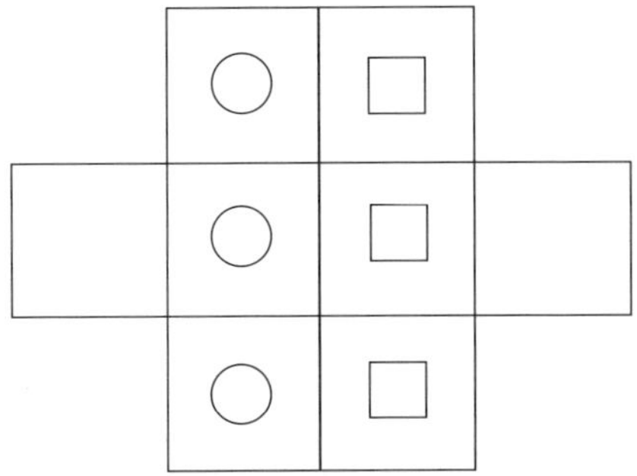

Die Aufgabe erfordert drei Schritte. Jeder ist anspruchsvoll:

- *Zuerst muss eine Lösung gefunden werden und derart gesichert sein, dass sie wiederholt werden kann.*
- *Dann müssen Begriffsinventar und Formulierungen gefunden werden.*
- *Die Beschreibung muss dem Adressaten angepasst und ausschließlich mit Worten übermittelt werden.*

Verständnisprobleme lösen

Partner Gruppe	30 Min.	ab 4. Sj.

Verständnisschwierigkeiten wahrnehmen und signalisieren

Checkst du's? C 9

Wenn wir etwas nicht verstehen, kann dies unterschiedliche Ursachen haben: Wir verstehen ein Wort nicht oder die ganze Situation ist uns fremd. Immer braucht es Mut, Verständnisprobleme zu signalisieren.

Anregungen

- Studiert in einem Sachbuch einen Sachverhalt, der euch interessiert:
  - Wie müssen wir uns den Blutkreislauf vorstellen?
  - Wie funktioniert eine Taschenlampe?
  - Was sagen uns die Wolken über die Wetterentwicklung?

  Erklärt die Sache dem Partner / der Partnerin oder der Gruppe. Deren Aufgabe ist es, nachzufragen, bis sie es verstanden haben.
- Sprecht mit dem Partner / der Partnerin darüber, was ihr tut, wenn ihr eine Information nicht richtig versteht.
  - Wie merkt ihr, was ihr verstanden habt, was nicht?
  - In welchen Situationen reagiert ihr, in welchen nicht?
  - Wie signalisiert ihr, dass etwas unklar ist?

  Überlegt euch, was ihr bei Verständnisproblemen tun könntet.

Auswertung

- Wie ist es für die Erklärenden, wenn ihnen gesagt wird, dass sie nicht verstanden worden sind, oder wenn sie durch Nachfragen unterbrochen werden?
- Wie ist es für die Zuhörenden, wenn sie etwas nicht verstehen?
- Welche Strategien werden bei Verständnisproblemen angewandt?

Viele Menschen scheuen sich zu fragen, wenn sie etwas nicht verstehen. Sie befürchten vielleicht, als begriffsstutzig angesehen zu werden. Es zeugt aber von Selbstsicherheit und Autonomie, wenn man fähig ist zu unterbrechen:

- *Wie ist das jetzt genau zu verstehen?*
- *Bitte erkläre doch das noch einmal!*
- *Diesem Gedanken kann ich nicht folgen.*
- *Wie kommst du darauf?*

Als Sprechende sollten wir darauf achten lernen, uns auf die Adressaten einzustellen. Wer mit einer Thematik weniger vertraut ist, braucht die entsprechende Einführung.

Sachverhalt klären

Partner	20 Min.	ab 4. Sj.

Verständnis eines Sachverhalts oder einer Meinung klären

Checkst du's? C 10

Viele Menschen scheuen sich, Gespräche bis zur völligen Klärung zu führen. Allgemein gesagt meinen wir unter *Verstehen* das Gefühl, wir würden in einer bestimmten Situation genau gleich empfinden wie der Gesprächspartner. Dieses Gefühl entsteht schneller, wenn Menschen einander unkritisch gegenüber stehen (etwa bei Kindern oder Liebenden). Kritische, reflektierende und selbstbewusste Menschen sind eher bestrebt, einen Sachverhalt genau zu klären.

Anregung

Führt ein Gespräch zu einem Thema so lange, bis beiden eindeutig klar ist, wie der andere die Situation sieht.

Themenvorschläge:

- Beide planen eine gemeinsame Aktion, z. B. eine Radtour.
- Diskutiert eine kontroverse Frage, z. B. «Darf man in der Not lügen?»

Auswertung

- Woran merken wir, dass wir einander nicht oder noch nicht ganz verstanden haben? Verstehen wir Wörter/Begriffe unterschiedlich?
- Was können wir tun, um sicherszustellen, dass beide wirklich vom Gleichen sprechen und dass wir uns genau verstehen?

«Verstehen» ist ein missverständlicher(!) Begriff. Häufig meinen wir zu früh, genau zu wissen, was der andere meint.

Verstehen ist eine individuelle Leistung, die Fähigkeit, einen Sachverhalt störungsfrei in das eigene Weltbild einzubauen. Diese Sicht erklärt, wieso jüngere Kinder mit einem noch wenig differenzierten Weltbild so leicht «verstehen».

Demnach ist die Lehrerfrage «Habt ihr es alle verstanden?» oder «Hat noch jemand eine Frage?» ziemlich unnütz!

Wenn «Verstehen» eine Bereitschaft zur Übereinstimmung ist, gelingt Verständigung leichter, je offener und vieldeutiger eine Situation gelassen wird. So gesehen kann man sagen: Je unpräziser die Sprache, desto einfacher scheint Verständigung zu gelingen.

Nein!

Partner | 10 Min. | ab 1. Sj.

«Nein» sagen lernen, sich wehren können

sich durchsetzen D 1

Kann man sich mit einem einzigen Wort durchsetzen und dennoch auf den anderen eingehen? – Eine wichtige Übung für Menschen, die nicht «Nein» sagen können.

Anregung

- Stellt euch einander gegenüber auf und schaut euch zunächst nur an. Führt dann ein kurzes Gespäch ohne Worte, nur durch Mimik und Kopfbewegungen: nicken oder verneinend schütteln.
- Dann beginnt einer laut «Nein» zu sagen. Der andere wehrt sich, indem er ebenfalls «Nein» sagt usw. Sagt nichts anderes!
- Versucht mit eurer Art des «Nein» dem Partner zu antworten. Vermeidet aber immer, dass beide zu gleicher Zeit «Nein» sagen. Die Art des Nein-Sagens kann beliebig verändert werden.

Auswertung

- Welche Gefühle hat die Situation ausgelöst?
- Welche Art des Nein-Sagens hat dem anderen am meisten Eindruck gemacht?
- Wer hat jeweils «den Ton angegeben», also eine Veränderung eingeführt, die der andere übernommen hat?
- Wer hat sich letztlich durchgesetzt, und wie war dies für den anderen?

Die Übung soll erleben lassen, welche Formen von Neinsagen möglich sind und wie sich das Nein auswirkt. Die Partner sollten etwa vergleichbar durchsetzungsfähig sein.

Variante

Die Übung kann bei älteren Kindern auch mit einer beobachtenden Person durchgeführt werden. Deren Aufgabe ist es, für die Einhaltung der strengen Regel zu sorgen und die Auswertung des Gesprächs durch eigene Beobachtungen zu ergänzen. Sie sagt insbesondere auch, wie sie die Führung und den Gesprächsverlauf wahrgenommen hat.

Wünsche und Interessen anmelden

Gruppe	30 Min.	ab 1. Sj.

In vertrautem Beziehungsgefüge eigene Interessen äußern

sich durchsetzen — D 2

Kinder wissen durchaus, was sie wollen, aber sie urteilen beim Anmelden ihrer Interessen oft noch nach dem Prinzip «Für oder gegen mich». Sie sollen lernen, dass man sachlich über Wünsche und Interessen verhandeln kann.

Anregung

- Überlegt euch einen Wunsch, den ihr in der Familie oder in der Klasse gerne durchsetzen wollt: ein bestimmtes Geschenk zu Weihnachten, andere Kleidung als die, die euch die Eltern kaufen wollen, ein anderes Urlaubsziel für die Familie / neben jemand bestimmtem sitzen dürfen, ein spezielles Spiel spielen usw.
- Welche Argumente könnten euren Verhandlungspartnern wirklich Eindruck machen? Welche Argumente verfangen besonders gut?
  Beispiele:
  - Für einen Walkman als Geschenk kann man argumentieren, indem man verspricht, damit auf dem Schulweg Englischwörter zu lernen.
  - Sich neben eine bestimmte Person zu setzen könnte die Zusammenarbeit erleichtern und das Lernen günstig beeinflussen.
- Überlegt euch auch Kompromissvorschläge: Wie könnt ihr euer Interesse so zurückstecken, dass das Erfüllen eures Wunsches / eurer Forderung für die anderen akzeptabel wird?
  Beispiel: eine Anschaffung durch Mithilfe im Haushalt abverdienen.
- Spielt nun solche Situationen im Rollenspiel.

Es ist durchaus anzuraten, eine solche Übung auch mal an einem Elternabend vorzubesprechen oder sich zu vergewissern, dass die (meisten) Eltern Verständnis für den erwachenden Durchsetzungswillen ihrer Kinder haben.

Auswertung

Es scheint uns wichtig, zu besprechen, welche der angemeldeten Interessen vertretbar und welche fragwürdig erscheinen.

Den Kindern soll klar werden, dass das Anmelden von Interessen Widerstand bei denen weckt, die den Wünschen der Kinder nicht entsprechen wollen oder nicht können.

# Verkaufen	Gruppe	15 Min.	ab 2. Sj.
Argumentieren und andere überzeugen lernen	sich durchsetzen D 3		

Im Zentrum stehen die Argumente des Verkaufens und die Nachfragen des Käufers. Es wird beobachtet, ob beides aufeinander bezogen ist und ob beide Seiten klug mit der Verkaufssituation umgehen.

Anregung

- In jeder Gruppe denkt sich jemand einen Gegenstand aus, den er möglichst teuer verkaufen will. Man sollte über diesen Gegenstand gewisse Kenntnisse haben. Jemand spielt die Käuferin/den Käufer.
- Das Verkaufsspiel beginnt mit einer Frage des Käufers. Der Verkäufer versucht mit überzeugenden Argumenten den Gegenstand möglichst teuer zu verkaufen.
- Die Gruppe bildet die Jury, die am Schluss eines Verkaufes beurteilt, wie gut die Gründe waren, mit denen für den Kauf des Gegenstandes argumentiert wurde und wie geeignet die Fragen der Kaufenden, damit sie die für den Kauf nötigen Informationen erhielten.

Auswertung

Je nach Klassenstufe wird diskutiert, wo die Grenze zwischen guten Argumenten und unlauteren Argumenten liegt.

Ein in unserer Kultur zentraler Vorgang des geschäftlichen Umgangs miteinander wird hier eingeübt, aber auch problematisiert. In spielerischer Form wird sprachliches Geschick einerseits und notwendiges Misstrauen andererseits erprobt.

Im Mittelpunkt stehen das Argumentieren auf der Seite des Verkäufers und das kluge Nachfragen auf der Seite des Käufers.

Varianten

- *Die Schwierigkeit wird größer, wenn Gegenstände ausgelost oder bestimmt werden, für die man argumentieren muss.*
- *Auf höheren Schulstufen können die Strategien des Verkaufens und die Strategien des Entwickelns von skeptischen Fragen thematisiert werden.*

Selbst entscheiden

Selbst entscheiden	Einzeln	20 Min.	ab 2. Sj.
Durchsetzungsstrategien studieren	sich durchsetzen		D 4

«Das will ich selber tun/Das will ich haben …». –
Schon kleine Kinder versuchen ihren Willen durchzusetzen, als Baby vielleicht mit Schreien und Stampfen, später mit Argumenten.

Anregungen

- Beobachte, wie kleine Kinder ihren Willen auszudrücken und durchzusetzen versuchen.
- Sammle und notiere Argumentationen von kleinen Kindern; überlege, wie du selber besser argumentieren würdest.
- Nimm an, du möchtest etwas selbst entscheiden, z. B.
  - wie du in der Gruppenarbeit vorgehen willst
  - wie du deinen Arbeitsplatz gestalten willst
  - wie du dein Zimmer einrichten willst
  - welche Kleider du anschaffen/anziehen möchtest

  Schreibe auf, was du von anderen (Eltern, Lehrperson, Kameraden) erreichen möchtest, und suche überzeugende Argumente dafür.

Auswertung

- Vergleicht eure Argumente und Strategien und schätzt ab, welche besonders wirksam sein müssten. Erprobt sie bei Gelegenheit!
- Tauscht Erfahrungen darüber aus, wie ihr bei anderen etwas durchsetzen, von anderen etwas erhalten könnt.

Argumentieren ist eine wichtige Grundlage jeder demokratischen Gesellschaft. Es steht im Gegensatz zur Durchsetzung des Rechts des Stärkeren. Wer argumentiert, anerkennt, dass die besseren Gründe den Ausschlag für einen Entscheid bilden sollen.

Darum ist es ein wichtiges Ziel, dass Kinder spätestens in der Schule lernen, ihre Bedürfnisse mit vernünftigen und begründenden Worten durchzusetzen, anstatt mit Schreien, Trotzen oder mit physischer Stärke.

Meinungen und Ansichten sollen mit Argumenten vertreten werden, nicht mit Lautstärke oder Diffamierung der Gegenmeinung.

Beraten und entscheiden

Gruppe Klasse	45 Min.	ab 3. Sj.

Begründet entscheiden lernen

sich durchsetzen D 5

So oft wie möglich sollten Lehrpersonen die Entscheidungen mit den Schülerinnen und Schülern besprechen oder sie ihnen überlassen. Das bedingt, dass sie selber bereit sind, die getroffenen Entscheidungen zu akzeptieren.

Anregung

- Diskutiert, welche Entscheidungen durch die Schulordnung vorgegeben sind, welche die Lehrperson zu treffen hat, welche der Klasse zustehen sollen und welche jede Schülerin und jeder Schüler selber treffen können soll.
- Wählt ein Anliegen eurer Klasse aus und diskutiert es, z. B.
  - Wie soll das Schulzimmer eingerichtet werden?
  - In welchen Situationen soll man den Arbeitsplatz/das Schulzimmer verlassen dürfen?
  - Welche Strafen sind bei Regelverletzungen angemessen?

Auswertung

- Welche Gründe überzeugen am besten?
- Wer hat die besseren Argumente?

Wer Entscheidungen fällen kann, besitzt Macht. Lehrpersonen, die alles vorschreiben, üben Macht aus – vielleicht, weil ihnen die Klassenführung dadurch leichter fällt.

Erziehung zur Mündigkeit, zu Selbst- und Mitverantwortung, zu einer demokratischen Grundhaltung ist aber nur möglich, wenn man begründen und entscheiden lernt. Darum entspricht es einer Grundforderung demokratischer Schulen, Kinder und Jugendliche in Entscheidungen einzubinden.

Aushandeln

Gruppe	45 Min.	ab 3. Sj.

Eine Auffassung mit guten Gründen vertreten

sich durchsetzen D 6

In einer Gruppe soll ausgehandelt werden, welche Gegenstände auf eine einsame Insel mitgenommen werden sollen.

Anregung

- Die Gruppe wird mit folgender Situation konfrontiert (als Schilderung durch die Lehrperson oder als Text):
  - Ihr seid zusammen auf eine einsame Insel verschlagen worden.
  - Alle konnten drei besonders wichtige Dinge mitnehmen.
- Denkt euch individuell diese drei Dinge aus und überlegt euch, warum sie für euch besonders wertvoll sind.
- Stellt einander eure drei Dinge vor und versucht die anderen von deren Wichtigkeit zu überzeugen.
- Eure Situation hat sich noch verschlimmert, ihr könnt als Gruppe im Ganzen nur drei Dinge mitnehmen. Einigt euch darauf!

Auswertung

- Welche Begründungen erscheinen besonders einleuchtend?
- Welche Rolle spielt die Überzeugungskraft der Begründungen? Haben andere Dinge einen Einfluss auf die Entscheidungsfindung?
- Warum gibt jemand nach? Warum setzt sich jemand durch?

Viele unserer Entscheidungen treffen wir nach unserem Gefühl. Bei dieser Übung werden wir gezwungen, sie zu begründen.

Beim Aushandeln spielt aber neben der Qualität der Begründungen oft auch die Konstellation in der Gruppe eine Rolle: Scheue und zurückhaltende Menschen verzichten schneller darauf, ihre Meinung durchzusetzen, auch wenn sie selber von ihren Argumenten überzeugt sind.

Solche Tendenzen können bei dieser Übung bewusst werden.

Fünf Sätze

Gruppe Klasse	30 Min.	ab 4. Sj.

Redemuster kennen und erproben

sich durchsetzen — D 7

Die Fünfsatzmethode ist ein Redemuster, das eine kurze und klare Argumentation begünstigt. Sie ist eine nützliche Hilfe für die Vorbereitung eines Diskussionsbeitrags.

Anregung

Überlegt euch für euren Diskussionsbeitrag drei Gründe, die für eure Meinung sprechen. Ihr könnt sie stichwortartig festhalten.

- Schließt mit einem Einstiegssatz an den Vorredner an oder stellt das Problem oder eure Position dar.
- Sätze 2, 3 und 4: Stellt jeden eurer Gründe in einem Satz vor.
- Der fünfte Satz soll eure Position klar herausstreichen oder einen Appell an die Diskussionsrunde enthalten.

Auswertung

Diskussion: Was leistet die Methode und inwiefern schränkt sie ein?

Varianten

- Das Argumentationsmodell mit den fünf Teilen kann auch für schriftliche Texte verwendet werden.
- Analysiert eine Stellungnahme eines Politikers am Fernsehen (Video, Tonband).

Beispiele zur Frage der Hausaufgaben (HA):

1 Schafft endlich die HA ab!
2 Sie sind ein Eingriff ins Privatleben.
3 Sie stiften Unfrieden und setzen die Familie unter Druck.
4 Sie sind ungerecht, weil die Einzelnen unterschiedliche Hilfe erhalten.
5 Aus diesen Gründen sollten die HA endlich verboten werden.

1 HA sind ein wichtiger Bestandteil des Lernens.
2 Sie erziehen zu Selbstständigkeit und Eigenverantwortung.
3 Sie ermöglichen es, Arbeiten individuell abzuschließen.
4 Was in der Schule begonnen wurde, kann weiter wirken.
5 Darum: HA müssen bleiben.

Verweigerung

Partner Klasse	30 Min.	ab 4. Sj.

Einer Erpressung oder Verführung standhalten

sich durchsetzen — D 8

Von den Kindern wird manchmal von Erwachsenen oder anderen Kindern, z. B. älteren Schülern, etwas verlangt, das in der Forderung nicht angemessen ist. Kinder sollen deshalb lernen, *nein* zu sagen.

Anregung

- Sammelt in der Runde Beispiele für Erpressungen, die ihr schon einmal erlebt habt oder von denen ihr gehört habt.
- Eine oder zwei Situationen werden ausgewählt. Freiwillige spielen in spontanem Spiel, wie sie sich dagegen wehren würden.
- Die besten Argumente werden gesammelt (Wandtafel, Zettel).
- Alle üben dann im Rollenspiel, sich auf diese Weise zu wehren. Der Rollenspielpartner braucht nicht den Erpresser zu spielen, sondern überlegt nur, ob er/sie das Verweigern gelungen findet oder nicht. Jeder kommt einmal dran und spielt das Verweigern.

Auswertung

- Es wird diskutiert, warum es schwierig sein kann, sich zu verweigern. Die Lehrperson betont, dass auch Kinder das Recht haben, nein zu sagen.
- Es wird ausgewertet, woran man Situationen erkennen kann, in denen Kinder das Recht haben, sich zu weigern, das Geforderte zu tun.

Die Übung ist heikel: es kann Kinder in der Gruppe geben, die bereits Opfer von Erpressung und (sexueller) Ausbeutung gewesen sind, und denen ihre erlebte Ohnmacht schmerzlich bewusst wird. Eine Lehrperson sollte wissen, was dann zu tun ist. Eine gute Beobachtung der emotionalen Reaktionen der Kinder auf die Übung ist wichtig.

Lehrkräfte sollten sich bewusst sein, dass sie möglicherweise nach solchen Übungen aufsäßigere Schüler haben als vorher, weil Kinder dabei lernen, sich auch Erwachsenen gegenüber zu widersetzen. Deshalb ist es sehr wichtig, nach dem spielerischen Teil die Diskussion über die Anlässe der Verweigerung zu führen.

Lasst den Quatsch!

Gruppe	10 Min.	ab 4. Sj.

Einer Mehrheit einen Unfug ausreden

sich durchsetzen D 9

Spielerisch wird geübt, sich allein gegen eine Mehrheit durchzusetzen, wenn man überzeugt ist, dass das, was die anderen da vorhaben, grober Unfug oder gefährlich ist. Man lernt, dann nicht nachzugeben, wenn es um Wichtigeres als die Übereinstimmung in der Gruppe geht.

Anregung

- Wählt einen Streich, einen Unfug, der so oder anders von jemandem in eurem Alter vorgeschlagen werden könnte. Jetzt wird per Würfel jemand aus der Gruppe bestimmt, der den anderen den Unfug auszureden versuchen soll.
- Dieser Querdenker soll sich gute Argumente einfallen lassen und vor allem die möglichen Folgen des Unfugs zu bedenken geben.
- Jeder aus der Gruppe darf dem Querdenker helfen, indem er ihm Tipps gibt, was er sonst noch an Argumenten gegen den Unfug ins Feld führen könnte.

Auswertung

- Sagt einander, wie ihr euch gefühlt habt in der Rolle des Querdenkers und derjenigen, die einen Unfug machen wollen.
- Überlegt, warum es vielen Kindern so schwer fällt, im wirklich Leben in die Rolle des Querdenkers zu gehen und etwas gegen die Mehrheit zu sagen.
- Trefft eine Abmachung, wie ihr in eurer Klasse das Querdenken handhaben wollt.

Oft sind Kinder in der Situation, dass sie als Teil einer Gruppe oder Clique nicht mit dem einverstanden sind, was da an Ideen für gefährliche Unternehmungen oder unanständige Streiche entsteht. Sie sagen jedoch nichts, weil sie unter Gruppendruck stehen und es nicht wagen, ihre Minderheitenmeinung gegen die scheinbare Mehrheit einzubringen.

Mit der Übung lernen Kinder, ihre Hemmungen zu überwinden, und ihre Minderheitenmeinung durchzusetzen, um eine Gefahr zu bannen oder einen bösen Streich zu verhindern. Es geht also um den Erwerb von Zivilcourage in der Situation eines Konformitätsdruckes.

Argumente statt Fäuste

Gruppe	30 Min.	ab 4. Sj.

Die bessere Art der Durchsetzung kennen lernen

sich durchsetzen D 10

Manchmal möchte man etwas durchsetzen, hat aber keine überzeugenden Argumente. Dann neigt man zur Gewalt. Mit dieser Übung sollen Handgreiflichkeiten durch Argumentieren ersetzt werden.

Anregung

- Überlegt euch, was ihr gerne haben wollt, das andere haben. Es könnte z. B. etwas sein, das die anderen hergeben würden, wenn man sie davon überzeugen kann.
- Überlegt euch, mit welchen Argumenten ihr diesen Menschen davon überzeugen könntet, euch zu geben, was ihr haben wollt:
  - Denkt an Gründe, warum ihr das Begehrte unbedingt haben wollt.
  - Sucht auch Gründe, warum der andere es nicht unbedingt braucht.
  - Führt Gründe an, warum es für diesen anderen ein Vorteil ist, euch zu geben, was ihr wollt, z. B. eine Gegenleistung von euch, wenn der andere hergibt, was er eigentlich behalten will.
- Spielt das Abluchsen mit den Argumenten, und den Widerstand dagegen vor der Klasse.

Auswertung

- Diskutiert miteinander, wie die Argumente auf den, der etwas hergeben sollte, gewirkt haben.
- Besprecht mit allen Zuschauern, welche Argumente gut waren und welche nicht; welche Form des Durchsetzens angemessen war, welche nicht.

Die Übung soll durch die spielerische Form dazu ermutigen, das Argumentieren zu lernen, und sich zu trauen, seine eigenen Interessen anzumelden. Zugleich garantiert die Auswertung, dass nicht fragwürdiges Durchsetzen und «Abluchsen» geübt wird. Darauf sollte unbedingt geachtet werden.

Wer die Aufgabe ablehnt, z. B. weil sie ungerechtfertigte Begehrlichkeiten wecken könnte, kann bei der Frage ansetzen: «Was macht mich derart wütend, dass ich am liebsten dreinschlagen möchte? Wie könnte ich statt durch Gewalt mit Argumenten kämpfen?

Malen und sprechen	Partner Gruppe	20 Min.	ab 1. Sj.
Beim Malen seine Gedanken und Ideen fortlaufend äußern	erzählen		E 1

Die Schülerinnen und Schüler werden dazu angeregt, sich bei einer gemeinsamen Tätigkeit laufend miteinander zu unterhalten.

Anregungen

- Zwei Kinder gestalten auf einem großen Zeichenblatt, das auf ihrem Tisch befestigt ist, gemeinsam ein Bild nach freier Wahl. Beide dürfen gleichzeitig arbeiten und beide können dabei für sich selber oder miteinander sprechen. Sie sind dabei frei,
  - sich über den Inhalt und die nächsten Schritte zu äußern
  - Techniken und Verfahren abzusprechen
  - die Organisation des gemeinsamen Arbeitens zu regeln usw.
- Gleiche Anlage wie oben, aber die Kinder malen abwechslungsweise während jeweils ca. 2 Minuten. Sie besprechen sich bei ihrer Arbeit laufend.

Variante

- Das Verfahren kann grundsätzlich auch auf Werkarbeiten oder auf andere schulische Vorhaben (etwa eine Geschichte verfassen) übertragen werden.

Auswertung

- Anlässlich einer Ausstellung ihrer Bilder können die beiden Kinder darüber sprechen, wie es ihnen beim Malen ergangen ist.

Voraussetzung dafür, dass die Aufgabe gelingt, ist die Kooperationsbereitschaft der Partner.

Jüngere Kinder werden eher die Geschichte erzählen, die sie im Bild darstellen, ältere sich eher über Techniken und Verfahrensweisen unterhalten.

Krimskrams-Geschichten

Gruppe Klasse	15 Min.	ab 1. Sj.

Zu einem Gegenstand eine Geschichte erzählen

erzählen — E 2

Ein Gegenstand vermag zum Fabulieren herauszufordern. Er regt die Fantasie an und soll hier dazu dienen, sich eine Geschichte auszudenken und diese anderen zu erzählen.

Anregungen

- Die Kinder erhalten die Aufgabe, einen Gegenstand mitzubringen und damit eine Geschichte zu erzählen.
- Verschiedene Gegenstände stehen zur Verfügung. Wer eine Idee hat, darf einen nehmen und damit eine Geschichte erzählen.
- Mehrere Gegenstände sind unter einem Tuch versteckt. Wer an der Reihe ist, wählt sich tastend einen Gegenstand und erzählt damit nach einer kurzen Besinnungszeit eine Geschichte.
- Zwei Kinder wählen sich je einen Gegenstand und erfinden eine Geschichte, in der beide Gegenstände eine Rolle spielen.
- Alle Kinder einer Gruppe wählen sich einen Gegenstand. Jemand beginnt, eine Geschichte zu erzählen. Dabei muss der Gegenstand eine Rolle spielen. Dann fährt der Nächste fort, bis er seinen Gegenstand in der Geschichte untergebracht hat.

Auswertung

- Welche Gegenstände machten es einfach, welche waren nur schwer sinnvoll in die Geschichte einzufügen?

Wenn Kinder einen Gegenstand in der Hand halten, überwinden sie allfällige Erzählhemmungen leichter.

Wird der Gegenstand unter dem Tuch hervorgezogen, entsteht in der Gruppe eine besondere Spannung, wie es gelingt, ihn harmonisch in die laufende Geschichte zu integrieren.

Roter Faden

Roter Faden	Einzeln Klasse	15 Min.	ab 1. Sj.
Den Verlauf einer Geschichte sichtbar machen	erzählen		E 3

Es gibt uns Sicherheit und erleichtert das Erzählen, wenn der Ablauf einer Geschichte sichtbar vor uns liegt.

Anregungen

- Nachdem eine Geschichte erzählt oder gelesen worden ist, wird der Spannungsverlauf mit Hilfe eines roten Wollfadens auf dem Boden dargestellt.
  Anschließend wird der Text der Geschichte in Abschnitte zerschnitten. Diese werden auf die entsprechenden Stellen des roten Fadens gelegt.
- Zu einer gelesenen Geschichte wird zu jedem wichtigen Teil ein Stichwort notiert. Die Zettel mit den Stichwörtern werden dem Spannungsverlauf der Geschichte entsprechend auf dem Boden ausgelegt.
- Der Verlauf einer Geschichte wird als Bild oder als Grafik dargestellt.

Anhand solcher Hilfen kann die Geschichte neu erzählt werden.

Auswertung

- Welche Form erleben die Geschichtenerzähler als besonders hilfreich?
- Tauscht Erfahrungen darüber aus, wie ihr euch den «roten Faden», also den Verlauf einer Geschichte, besonders gut merken könnt.

Jüngere Kinder haben die Tendenz, langfädig zu erzählen. Sie können während dem Formulieren nicht auch noch planen und strukturieren. Sie sollen sich darum daran gewöhnen, sich ihre Schilderung vorgängig zurecht zu legen. Oft benötigen sie dabei Hilfe: Die Lehrperson oder ein Partnerkind berät bei der Frage, welche Erzählschritte unverzichtbar sind bzw. welche weggelassen werden können.

Eine Möglichkeit, viele Kinder zu Wort kommen zu lassen, ergibt sich, wenn das Erzählen sich an ein Partnerkind oder an die Gruppe richtet.

Vor der Klasse erzählen

Einzeln Partner	15 Min.	ab 1. Sj.

Sich vor die Klasse stellen und selbstbewusst erzählen lernen

erzählen — E 4

Es erfordert Mut, vor der Klasse eine Geschichte zu erzählen oder über etwas zu berichten, selbst wenn man besondere Kenntnisse hat.

Anregung

- Überlege dir genau, was du erzählen willst.
- Teile die Erzählung auf und notiere dir zu jedem Teil ein Stichwort. Die Teile für eine Geschichte können Stichwörter zu folgenden Bereichen haben:
  - Wie heißt die Geschichte?
  - Wo und wie beginnt die Geschichte?
  - Welche Personen, Tiere … kommen vor?
  - Wie sehen sie aus?
  - Was geschieht der Reihe nach?
  - Wie hört die Geschichte auf?
- Übe das Erzählen einmal für dich selber. Beschreibe dabei die Orte und die Personen und ihre Erlebnisse anschaulich.
- Erzähle die Geschichte deinem Partner/deiner Partnerin. Tipps: Sprich dabei klar und deutlich. Spiele beim Erzählen die Stimmen und die Bewegungen der Figuren.
- Erzähle deine Geschichte vor der Klasse. Jetzt musst du laut und deutlich sprechen und die Zuhörenden immer wieder ansehen.

Das Erzählen vor der Klasse unterscheidet sich vom Erzählen zu Hause. Oft wissen die Familienmitglieder aus der Erfahrung, worum es geht. Sie sind auch mit der Erzählweise vertraut. In der Klasse ist das Verständnis dagegen erschwert.

Wer vor der Klasse erzählt, muss laut und deutlich sprechen und Blickkontakt zu den Zuhörenden haben, nicht nur zur Lehrerin. Im Anschluss an eine Erzählung können die Zuhörenden anhand abgesprochener Kriterien Rückmeldung geben, z. B.

- *Was hat mir an der Geschichte gefallen?*
- *Was hat mir das Verständnis erleichtert oder erschwert?*
- *Tipps für den Erzähler oder die Erzählerin?*

Erzählformen

Partner Gruppe	30 Min.	ab 1. Sj.

Unterschiedliche Erzählformen kennen und pflegen

erzählen E 5

Spielerische Formen des Erzählens, Berichtens, Beschreibens und Erklärens sollen dazu beitragen, dass oft und gerne erzählt wird.

Anregungen

- Wollknäuel-Geschichten
  Ein Kind der Gruppe hält das Wollknäuel in der Hand. Es beginnt mit der Geschichte und sagt den ersten Satz. Dann behält es das Ende des Wollfadens in der Hand und rollt das Knäuel zu einem anderen Kind. Dieses trägt wieder einen Satz bei usw.
- Requisitengeschichte
  In der Mitte der Gruppe liegen Requisiten bereit. Die Gruppe einigt sich auf das Thema einer Geschichte. Wer einen Teil (ein bis drei Sätze) beitragen will, nimmt ein Requisit und beginnt zu sprechen.
- Geschichten verändern
  Alle Kinder der Gruppe haben vor einiger Zeit – z. B. auch als Hausaufgabe – dieselbe Geschichte gelesen. Sie wird von jemandem erzählt, wobei Einzelheiten absichtlich verändert werden.
  Wer entdeckt die Veränderungen?
- Geschichten kommentieren
  Jemand aus der Gruppe erzählt eine bekannte Geschichte. Die Zuhörenden (oder ein bestimmtes Kind) dürfen halblaut Kommentare dazu abgeben, die die Handlung der Geschichte betreffen.
- Erzählorte für Geschichten aufsuchen
  Wer die Geschichte erzählt, darf den Ort dafür selber wählen und einrichten.

Wenn die Kinder lernen sollen, Gefühle, Gedanken, Meinungen und Sachverhalte so zu formulieren, dass diese für andere verständlich und nachvollziehbar sind, müssen sie dies oft üben können. Wenn sie die Erzählformen auch ohne die Hilfe der Lehrperson durchführen können, lässt sich die Aufgabe als Posten im Wochenplan- oder Werkstattbetrieb einsetzen.

Weitere Erzählformen in 10 x 10 Spiele für den Sprachunterricht, Kap. G

# Kettengeschichte	Gruppe Klasse	15 Min.	ab 2. Sj.
Zu einer angefangenen Geschichte eine passende Fortsetzung finden	erzählen		E 6

Die Kinder sollen zu einem Geschichtenanfang eine passende Fortsetzung finden. Die Gruppe oder die Klasse setzt sich in einen Kreis:

Anregung

- Die Lehrperson oder ein Kind gibt den Anfang einer Geschichte vor. Der Anfang gibt die Art der Erzählung in der Regel vor, z. B.:
  - Es war einmal ein König, der hatte einen Kater, der zaubern konnte.
  - Letzten Sonntag erlebte ich im Schwimmbad etwas Seltsames.
  - Zwischen Lukas und Zora war ein Streit ausgebrochen.
- Reihum oder in freier Folge trägt jedermann ein neues Element zur Geschichte bei, in der Regel einen bis vier Sätze. Die neu eingeführten Elemente sollen zum vorangegangenen Teil passen. Sie werden von den weiteren Erzählern aufgenommen.
- Bei geeigneter Gelegenheit kann die Geschichte abgeschlossen werden.

Auswertung

- Ist es uns gelungen, eine gute, zusammenhängende Geschichte zu erfinden?
- Was hat es erleichtert, was erschwert, die Geschichte weiterzuführen?

Bei Kettengeschichten unterscheiden sich Erzählende, die sich eng am bisherigen Geschehen orientieren und andere, die gerne neue, oft auch befremdliche Elemente einführen. Einige möchten sich ihrer Aufgabe möglichst unauffällig entledigen, andere genießen es, sich in Szene zu setzen.

Die Lehrperson soll beide Bedürfnisse zulassen. Wichtig ist aber, dass schließlich eine kohärente Geschichte entsteht.

Ausschmücken

	Partner Gruppe	20 Min.	ab 2. Sj.
Eine Kurzgeschichte zu einer spannenden Erzählung ausschmücken	erzählen		E 7

Kurze Storys können die Fantasie anregen und zum eigenen Erzählen motivieren.

Anregungen

- Die Lehrperson bietet verschiedene Einstiegssätze zur Auswahl an. Daraus soll eine vollständige Geschichte entwickelt und möglichst spannend erzählt werden.
  Beispiele:
  - Nachdem sich der Hund losgerissen und eine Katze verfolgt hatte, kam es zu einem Unfall.
  - Um 9 Uhr 45 landete ein Ufo auf unserer Sportwiese.
- Die Schülerinnen und Schüler wählen einen kurzen Bericht aus der aktuellen Tageszeitung. Sie schmücken ihn aus und tragen ihn als Sensation vor.
- Partnerarbeit: Schreibt je eine Geschichte aus einem Geschichtenbuch in Kurzform auf, so dass nur noch der Kern dasteht. Tauscht die Texte aus und erzählt die Geschichte anhand dieses Kerns, aber ausgeschmückt. Am Ende lest ihr den originalen Text.

Gegenvariante : Reduzieren

- Eine Gruppe wählt einen spannenden Bericht aus der Tageszeitung. Jeder kürzt ihn auf maximal drei Sätze. Diese werden reihum vorgelesen und diskutiert, was an den Lösungen besonders gelungen erscheint.

Man kann nicht sagen, ein ausgeschmückter Text sei besser als ein knapper. Besonders bei Sachtexten gelten Kürze und Prägnanz als Qualitätsmerkmal. Werden Geschichten erzählt, empfinden wir Ausschmückung in der Regel als Bereicherung.

Mit der Aufgabe soll die Sensibilität für Stilfragen geweckt werden. Die Frage lautet darum immer: Welche Darstellungsart, welche Formulierung empfinden wir als angemessen?

# Tonband	Partner Gruppe	20 Min.	ab 2. Sj.
Das Tonbandgerät als Hilfe für das Erzähltraining verwenden	erzählen		E 8

Ein Tonbandgerät ermöglicht es, das Erzählen/Vortragen gezielt zu üben.

Anregungen

- Erzählweisen vergleichen:
  Drei Kinder lesen dieselbe Geschichte und bereiten sie zum Erzählen oder Zusammenfassen vor. Nacheinander sprechen sie ihre eigene Fassung auf Tonband. Im Anschluss hören sie sich gemeinsam die drei Fassungen an und überlegen, welche Lösung ihnen besonders gelungen erscheint.
- Erzählübung im Stationenbetrieb:
  Eine Anekdote oder ein Witz soll derart auf Tonband gesprochen werden, dass die Pointe deutlich wird.
  Die Gruppe hört sich die Beiträge an und diskutiert, welche Lösungen besonders gut gelungen sind.
- Verständniskontrolle (Postenarbeit)
  Die Lehrperson hat eine Geschichte auf Band gesprochen. Die Schülerinnen und Schüler hören sich die Geschichte an und lösen im Anschluss eine Aufgabe zur Verständniskontrolle (je nach Alter):
  - Zeichne die Geschichte.
  - Schreibe die Geschichte in eigenen Worten auf.
  - Erzähle die Geschichte deiner Partnerin/ deinem Partner/der Lehrperson.

Das Tonbandgerät als «Zuhörer» hat mehrere Vorzüge:

- *Man kann sich korrigieren und so lange arbeiten, bis man mit einer Fassung zufrieden ist.*
- *Man braucht vor dem Tonband als Publikum kein Lampenfieber zu haben.*

Andererseits fehlt das Gegenüber, das durch Mimik oder Rückfragen anzeigt, was verstanden worden ist.

Die Arbeit mit dem Tonbandgerät eignet sich im Stationenbetrieb, im Werkstatt- oder Wochenplanunterricht. Von Vorteil ist ein Raum, in dem man ungestört aufnehmen und abspielen kann.

# Speakers Corner	Einzeln	5 Min.	ab 3. Sj.
Einen Beitrag selbstbewusst vorbringen	erzählen		E 9

Seine Information oder seinen Beitrag durch die Wahl eines besonderen Sprech-Ortes und durch eine selbstbewusste Haltung unterstreichen.

Anregungen

- Wer der Klasse etwas besonders Wichtiges mitteilen will, kann sich dafür auf einen erhöhten Platz (etwa auf einen bestimmten Stuhl) stellen.
- Wer eine Geschichte gut erzählen gelernt hat oder ein Gedicht gut vortragen kann, darf den Speakers Corner benützen.
- Nach eigener Wahl benützt die Plattform,
  - wer für ein Anliegen wirbt, das ihm besonders am Herzen liegt.
  - wer für eine gewisse Zeit von allen Aufmerksamkeit erhalten will.

Auswertung

- In der Regel erhalten Rednerinnen und Redner für ihren Auftritt im Speakers Corner Applaus. Er richtet sich nach der Zufriedenheit des Publikums mit dem Beitrag.
- Diskussion:
  - Hat die Rednerin / der Redner die sprachlichen Mittel optimal eingesetzt?
  - War das Beanspruchen der bevorzugten Redeposition vom Anliegen her gerechtfertigt?

Im Speakers Corner des Londoner Hyde Parks tragen Rednerinnen und Redner ihre Anliegen von einer erhöhten Plattform aus vor.

Viele Kinder haben oft noch wenig Erfahrung darin, zu einer größeren Zuhörerschaft zu sprechen. Sie zeigen Hemmungen, blicken vor sich auf den Boden und sprechen leise, so dass sie schlecht verstanden werden.

Die vorgeschlagene Einrichtung des «Speaker Corners» soll dazu beitragen, Hemmungen allmählich überwinden zu lernen.

# Hörspiel	Gruppe	45 Min.	ab 3. Sj.
Eine Geschichte wird als Hörspiel gestaltet	erzählen		E 10

Das Erzählen soll mit klanglichen Mitteln unterstützt werden.

Anregung

- Wählt eine Geschichte, deren Inhalt mit Dialogen oder Monologen (halblaut gesprochene Überlegungen) dargestellt werden kann. Die Handlung soll durch Geräusche unterstützt werden können.
- Gestaltet damit ein Hörspiel. Erprobt, wie ihr die beste Wirkung erzielen könnt.
- Zeichnet das Hörspiel auf.
- Spielt es der Klasse vor und diskutiert die Wirkung.

Varianten

- Die Wirkung einer Geschichte wird beim Vortragen durch Musik, Geräusche und Lichteffekte unterstützt.
- Die Geschichte wird beim Erzählen durch Gedanken, Kommentare oder auch nur paraverbale Einwürfe und Kurzsignale (oh! / nanu … / wieso?) begleitet.

Auswertung

- Mit welchen Mitteln kann die Wirkung einer Geschichte besonders gut hervorgehoben werden?

Für diese Aufgabe eignen sich Fabeln, Märchen oder kurze dramatische Szenen, an denen mehrere Handelnde beteiligt sind. Die Kinder erfinden gerne auch Kriminalgeschichten.

Die klangliche Unterstützung der Präsentation einer Geschichte macht eine intensive Auseinandersetzung mit dem Text nötig.

Blitzlicht

Klasse	5 Min.	ab 1. Sj.

Eine kurze Rückmeldung aller Beteiligten einholen

Feedback F 1

Am Schluss einer Veranstaltung, einer Schulstunde oder eines Unterrichtstages, soll in kurzer Zeit und mit einfachen Mitteln etwas über die Befindlichkeit und die Einstellung aller Beteiligten (auch der Lehrperson) erfahren werden. Wir beschränken uns dabei auf *eine* Frage.

Anregung

Äußert euch der Reihe nach in einem oder höchstens zwei Sätzen zu einer vorgegebenen Frage.

Beispiele für Fragen:

- Was hat euch am Thema interessiert/angesprochen?
- Welche Aufgaben/Situationen waren für euch herausfordernd/besonders anregend?
- Wo habt ihr euch einbringen können?
- Was habt ihr von anderen/von der Lehrperson/aus den Arbeitsunterlagen/durch eigenes Denken und Tun gelernt?
- Wer/was hat euch beim Lernen unterstützt oder behindert?
- Wie fühlt ihr euch im Augenblick?

Hinweis

Auf die Äußerungen soll weder durch Kritik noch durch Rückfragen oder Kommentare reagiert werden.

Feedback soll grundsätzlich von positiven Fragen ausgehen, also nicht:

- *Was hat euch nicht gepasst?*

Es soll dabei bewusst werden, dass die Lerngruppe Mitverantwortung trägt, also:

- *Was hast du dir holen können?* *nicht:*
- *Was hat es dir gebracht?*

Varianten

- *Ein Blitzlicht kann auch einmal zu Beginn einer Veranstaltung die Erwartungen der Teilnehmenden offen legen.*
- *Stellt eure Befindlichkeit durch Mimik, Gestik oder eine kleine Pantomime dar oder durch eine Skizze, eine Melodie, einen Rhythmus …*

Wie wars für euch?

Klasse	10 Min.	ab 1. Sj.

In spielerischer Art Rückmeldung geben

Feedback F 2

Nach einer Schulstunde, einem Schülerreferat, einem Klassenrat usw. wird das Feedback zweier vorher ausgewählter Personen in spielerischer Weise eingeholt: Sie antworten auf vorgegebene Fragen.

Anregung

Zwei durch das Los bestimmte und im Voraus als «Tagesbegleiter» ernannte Schülerinnen oder Schüler geben ihr Gefühl und ihre Meinung über einen Schultag oder über eine gemeinsam erlebte Situation bekannt. Sie führen vor der Klasse ein kurzes Gespräch zu Fragen wie z. B.

- Was hat dich am Thema interessiert und angesprochen?
- Welche Aufgaben oder Situationen waren für dich herausfordernd oder besonders anregend?
- Wo hast du dich einbringen / den Anlass aktiv mitgestalten können?
- Was hast du von anderen / von der Lehrperson / aus den Lehrunterlagen / durch eigenes Denken und Tun gelernt?
- Wer und was hat dich dabei unterstützt oder behindert?
- Wie hast du dich beim Anlass gefühlt?

Das Gespräch soll sich auf sieben bis zehn Minuten beschränken. In der Regel bleibt es als persönliche Aussage stehen und wird nicht kommentiert.

Die Fragen können z. B. auf einem Plakat notiert sein, das an der Wand hängt. So sind sie jederzeit sofort verfügbar. Ein solches Rückmelderitual kann regelmäßig durchgeführt werden.

Die beiden Rückmeldenden sollen sich vorstellen, sie wären allein. Sie führen das Gespräch für sich, ohne Kontakt zu den anderen: sie können es als kleines Rollenspiel aufziehen.

Wir erhalten zunächst eine Meinung zu einem durchgeführten Anlass. Und wir erfahren dabei auch etwas über die Empfindungen und die Denkweise der Rückmeldenden.

Fragenkataloge können in der Klasse beraten und verändert werden. Man muss aber Kritik oder Beschimpfung vermeiden.

Nachrichten

Klasse	30 Min.	ab 2. Sj.

Spielerisch Rückmeldung über eine gemeinsame Zeit geben

Feedback F 3

Bei dieser Feedbackform sollen die Ereignisse eines Tages oder einer Woche zusammenfassend dargestellt werden. Eine Gruppe (Redaktoren, Moderatorin, Bühnenbildner usw.) bereitet die Sendung vor. Diese wird – hinter einem Bildrahmen als Fernseher – präsentiert.

Anregung

- Stellt die wichtigsten Ereignisse des Tages/der Woche als «Tagesschau» vor.
- Als Sprecher, Berichterstatter, Kommentatoren äußert ihr euch zu Fragen wie
  - Was hat sich ereignet, und wie haben wir dies erlebt?
  - Was haben welche Personen beigetragen?
  - Wie bewerten wir das Erfahrene?
- Es können auch Grafiken, Skizzen, Bilder eingeblendet werden, oder das Ganze kann klanglich untermalt werden.

Varianten

- Die Tagesschau wird auf Video aufgezeichnet und dann abgespielt.
- Die Moderierenden verbinden die Tagesschau mit einer Publikumsumfrage, bei der die Meinung der Zuschauenden eingeholt wird.

Es empfiehlt sich, das Tagesschau-Team gleich zu Beginn zu bestimmen. Die Gruppe braucht Vorbereitungszeit, besonders wenn sie ihrer Aktion einen theatralischen Rahmen geben will.

Prinzessin auf dem Thron

Gruppe	60 Min.	ab 3. Sj.

Wahrnehmungen anderer über sich zur Kenntnis nehmen

Feedback F 4

Bei dieser Übung sagen wir anderen in erster Linie, was uns an ihnen besonders gefällt.

Anregung

- Die Prinzessin / der Prinz setzt sich auf einen Stuhl im Kreis.
- Nun setzen sich die anderen der Reihe nach vor sie / ihn hin und sagen, was ihnen an ihr / ihm gefällt.
- Nach jeder Aussage sagt die Prinzessin / der Prinz: «Ich danke dir für deine Meinung. Ich werde annehmen, was ich will und nicht beachten, was mir nicht passt.»

Auswertung

Am Ende jeder Runde erfolgt eine gründliche Aussprache:

- Wie ist es dir als Prinzessin / Prinz ergangen?
- Was hast du als angenehm oder als belastend empfunden?
- Wie war es für die Mitschüler, Dinge auszusprechen, die wir im Alltag nicht sagen würden?

Varianten

- Beschränkt euch auf äußere Dinge, die euch auffallen.
- Wählt ausschließlich positive Eigenschaften, innere Werte.
- Führt die Übung anlässlich eines Geburtstages als «Geschenkritual» durch.

Bei dieser heiklen Übung ist das Einhalten der strengen Form besonders wichtig, weil sie die Garantie dafür bietet, dass Verletzungen und Konflikte in der Gruppe im Rahmen gehalten werden können. Es ist darum davon abzuraten, einander negative Dinge zu sagen. Die Leiterin / der Leiter sollte dies verhindern.

(vgl. B 4: Satzgeschenke).

Du bist für mich wie ein …

Einzeln Partner	20 Min.	ab 3. Sj.

Partner mit einem positiven Bild vergleichen

Feedback F 5

Es wird gelernt, am anderen etwas Positives zu sehen, und das so mitzuteilen, dass der andere das gewählte Bild versteht.

Anregung

- Es werden immer zwei Schülerinnen/Schüler einander zugelost. Sie haben erst einmal Bedenkzeit für die nachfolgende Aufgabe.
- Überlege dir, mit welchem Tier/welcher Blume/welchem Musikstil etc. der andere für dich vergleichbar ist. Es sollte etwas sein, dass du gerne magst.
- Überlege dir ein Bild, das deine Meinung ausdrücken kann. Zeichne oder male es.
- Zeige deinem Partner nun das Bild und sage ihm, was dir am gewählten Tier, der Blume, dem Musikstil gefällt.

Auswertung

Diskutiert miteinander, wie gut es gelungen ist, mit einem Bild etwas über einen Menschen auszusagen.

Oft kann man das, was man über einen anderen Menschen denkt, nicht direkt sagen. Es entstehen aber Bilder, die metaphorisch auszudrücken vermögen, was man mit Worten kaum formulieren kann. Es ist wichtig, auch solche Bilder von einem anderen Menschen mitteilen zu lernen.

Zugleich erfährt man etwas über Kommunikation, nämlich den weiten Bereich des Deutens.

Gelegentlich macht diese Übung einen betroffen, oder sie wird gar als kränkend empfunden, obwohl die Absicht war, etwas Positives zu sagen. Auch dies sollte thematisiert werden.

Umrisse

Gruppe | 45 Min. | ab 3. Sj.

Das Bild anderer akzeptieren oder zurückweisen

Feedback F 6

Es ist immer schwierig, sich mit dem Bild, das andere von einem haben, auseinander zu setzen. Deshalb wird hier eine Übung angeboten, die es ermöglicht, auf selbstwertschonende Art Fremdbilder zu akzeptieren oder zurückzuweisen.

Anregung

- Nehmt eine Rolle Packpapier. Jetzt wird in Partnerarbeit von jedem ein Umriss gezeichnet: Jeder legt sich auf das Packpapier und der andere fährt mit einem dicken Filzstift um den Körper, sodass der Umriss auf das Papier gebracht wird.
- Die Umrisse werden an die Wände gehängt.
- Nun sind alle aufgefordert, Eigenschaften und Assoziationen zu jedem der anderen auf Klebezettel zu notieren und dort aufzukleben, wo sie hingehören.
- Im Anschluss daran kann sich jeder zu den Meinungen, die ihn betreffen, äußern. Man hat das Recht, zu jedem Klebezettel zu sagen: «Das nehme ich an, weil es zu mir passt, das wähle ich nicht, weil ich mich damit nicht verstanden fühle». Die akzeptierten Klebezettel werden mitgenommen, die abgelehnten weggeworfen.
- Das Annehmen oder Ablehnen der Klebezettel wird von den anderen in der Gruppe nicht kommentiert.

Bei der Übung zum Feedback geht es darum, Kindern und Jugendlichen zu ermöglichen, in ihrer Identitätsentwicklung weiter zu kommen, in dem sie ihre eigene Sicht (Selbstbild) mit der Sicht ihrer Mitmenschen konfrontieren.

Die Übung ist heikel, manchmal schon wegen der Umrisse des eigenen Körpers, die schon wegen des Volumens mit den Kleidern als unakzeptabel abgelehnt werden können, beispielsweise bei Mädchen, die Wert auf eine schlanke Silhouette legen. Wir empfehlen, dies anzusprechen und die Umrisse nach der Übung nicht auszustellen, sondern zu vernichten.

Arbeiten beurteilen

Partner	15 Min.	ab 3. Sj.

Aufbauende Kritik üben lernen

Feedback F 7

Wenn wir etwas beurteilen sollen, wissen wir oft nicht, wo wir anfangen und wo wir aufhören sollen. Sagen wir fast nichts, drücken wir uns um die Aufgabe, Feedback zu geben; sagen wir zu viel, laufen wir Gefahr, den anderen zu überfordern.

Anregung

- In Partnerarbeit werden Arbeiten von Mitschülerinnen und Mitschülern beurteilt. Die Partner sind idealerweise langfristig als Lernpartner verbunden.
- Beschränkt euch beim Feedback darüber, was der andere gemacht hat, auf drei positive und drei negative Aspekte der erbrachten Leistung.
- Überlegt zuerst gründlich, was an der Leistung des Mitschülers positiv, was negativ ist, und entscheidet erst dann, welche drei Punkte ihr für die Rückmeldung auswählen wollt.
- Begründet euer Feedback.

Auswertung

- Wer das Feedback entgegengenommen hat, gibt seinerseits eine Rückmeldung darüber, was sie / er mit dem Feedback anfangen kann.
- Gemeinsam können Lernzielvereinbarungen getroffen werden.

Die Beschränkung eines Feedbacks auf einige wesentliche Punkte ist eine gute Übung, um die Wirksamkeit zu sichern. Deshalb wird mit dieser Übung die Anzahl der Elemente im Inhalt des Feedbacks ritualisiert und immer auf 3 plus 3 festgelegt. Weil die entgegennehmenden Personen das wissen, hilft dieses Ritual, Verletzungen zu vermeiden: Man darf sicher sein, dass man auch positives Feedback bekommt, und man weiß, dass das Negative auf drei Elemente beschränkt sein wird.

Variante

Man kann auch die entgegennehmende Person entscheiden lassen, wie viele Feedbacks von der positiven und von der negativen Sorte sie entgegenzunehmen bereit ist.

# Einen Vortrag beurteilen	Einzeln Klasse	20 Min.	ab 3. Sj.
Zu einer Darbietung eine eigene Meinung ausdrücken	Feedback		F 8

Zu einem Sachvortrag (der Lehrperson oder von Mitschülern) sollen sich die Kinder eine Meinung bilden. Wir dürfen allerdings noch nicht erwarten, dass sie ihre Positionen auch schon begründen.

Anregungen

- Denke beim Vortrag mit und frage sofort, wenn du etwas nicht oder nur schlecht verstanden hast.
- Schreibe am Ende des Vortrags die drei wichtigsten Dinge auf. Vergleiche nachher mit dem Nachbarkind und dann mit einer ganzen Gruppe, was jedem Kind wichtig erschienen ist.
- Schreibe in Stichworten auf, was du neu gelernt hast.
- Sage, was dir an der Art des Vortrags besonders gut gefallen, aber auch, was das Zuhören erschwert hat.
- Schreibe auf, was dich noch weiter interessieren würde.

Auswertung

- Wie nachvollziehbar (themenbezogen und sachlich) sind die Fragen oder die Stellungnahmen?
- Was lässt sich über die Reflexionsfähigkeit des Kindes sagen?

Während sich Kinder beim Erzählen von Geschichten ganz dem Gefühl und der Stimmung hingeben dürfen, erwarten wir von ihnen, dass sie bei Sachvorträgen mitdenken. Sie sollen sich die vorgestellten Sachverhalte klar vor Augen führen und sie mit ihrem bisherigen Sachwissen und mit ihrem Weltverständnis vergleichen und verknüpfen.

Signale des Verstehens

Gruppe Klasse	20 Min.	ab 4. Sj.

Signale des Verstehens erkunden

Feedback F 9

In Gesprächssituationen ist der Sprechende verunsichert, wenn die Zuhörenden nicht regelmäßig rückmelden, dass sie ihm folgen. Durch verschiedene Signale wird die Verständigung signalisiert.

Solche Formen des Feedbacks dienen den Sprechenden dazu, sich zu vergewissern, dass sie von den Zuhörenden verstanden worden sind, und diesen, dass sie die Sprechenden richtig verstanden haben.

Anregung

- Beobachtet eine Gesprächssituation (z. B. im Fernsehen) und notiert, mit welchen Signalen die Zuhörenden den Sprechenden signalisieren, dass sie bei der Sache sind.
- Beobachtet eine Gesprächssituation (z. B. im Fernsehen) und notiert, mit welchen Signalen die Sprechenden sich vergewissern, ob sie verstanden worden sind.
- Erprobt Signale des Verständnisses am Telefon und besprecht den Unterschied zum direkten Gespräch.

Auswertung

- Stellt für die Sprechenden und die Hörenden je eine Liste mit Signalen zusammen, mit denen dem Gegenüber das Verständnis signalisiert werden soll.
- Beschreibt verschiedene Arten des Feedbacks in Gesprächen.

Signale des Feedbacks:

- *körpersprachliche Signale: z. B. Blickkontakt, nicken, sich hinwenden*
- *Lautsignale: hm, ts, oh! aha*
- *verbale Signale: Sicher? was!? nein, sowas! jaja; so?*

Am Telefon sind nur Lautsignale möglich. Wer lange nichts mehr äußert, wird dann unvermittelt gefragt, ob er eigentlich noch dran sei.

Personenschutz

Gruppe	30 Min.	ab 4. Sj.

Zwischen Person und Verhalten unterscheiden lernen

Feedback F 10

Zwischen Aussagen über eine Person und Aussagen über deren Verhalten muss unterschieden werden. Dies trägt dazu bei, Kränkungen zu vermeiden und sich auch als Empfänger von Feedback nicht unnötig gekränkt zu fühlen.

Anregung

- Eine freiwillige Person stellt sich zu Verfügung, um Feedback über sich entgegenzunehmen.
- Alle anderen überlegen sich schweigend Feedbacks über diese Person und notieren sie einzeln auf Zettel.
- In einer Runde werden die Feedbacks vorgelesen, und es wird für jedes Feedback entschieden, ob es ein Feedback zum Verhalten oder ein Feedback zur Person ist, und ob es ein positives oder ein negatives Feedback ist. Die Feedbacks werden entsprechend in vier Felder an der Tafel eingeordnet.
- Die Person, die sich zur Verfügung gestellt hat, sagt zu Feedbacks aus allen vier Kategorien, was das bei ihr auslöst, und wie sie sich dabei fühlt.

Auswertung

- Aus welcher Art von Feedback kann man mehr lernen?
- Es wird als Fazit herausgearbeitet, dass eine Aussage zum Verhalten (z. B. «Du hast mich geschlagen») weniger verletzend und hilfreicher ist als eine Aussage über die Person (z. B. «Du bist böse»).

Manchmal entstehen bei Feedbacks nur deshalb Kränkungen, weil eine negative Aussage, die sich auf ein Verhalten bezieht, als negatives Urteil über die Person empfunden wird.

Die Übung setzt ein gutes Klassenklima voraus. Beim Zuweisen der Freiwilligenrolle ist unbedingt darauf zu achten, dass sich nicht ein Außenseiter der Gruppe als Probeperson meldet, und auch nicht ein Kind, das sehr verletzlich ist. Nachgespräche sind wahrscheinlich nötig.

Varianten

1. *Es wird eine fiktive, z. B. aus den Medien bekannte Persönlichkeit gewählt.*
2. *Die Lehrkraft selber kann sich zur Verfügung stellen, wenn die Offenheit zwischen Klasse und Lehrkraft groß genug ist.*

Stimmungsbarometer

Partner Gruppe	10 Min.	ab 3. Sj.

Beim Erzählen die Stimmung ausdrücken

gestaltend sprechen G 1

Die Kinder sollen lernen, beim Erzählen mit der Stimme auch verschiedene Stimmungen auszudrücken.

Anregungen

- Die Kinder lernen einen kurzen Text auswendig: einen Vers, ein Gedicht, einige Sätze. Sie tragen ihn so vor, wie die Vorgabe (z. B. auf einem Zettel, den sie vom Stapel ziehen) es verlangt:
  - fröhlich / übermütig / überschwänglich ...
  - traurig / bedrückt / ängstlich / scheu ...
  - wütend / anklagend / frech ...
- Die Kinder denken sich eine Stimmung aus, tragen ihren Text entsprechend vor und lassen dann die Gruppe erraten, welche Stimmung sie sich ausgedacht haben.
- Eine Geschichte wird so erzählt, dass die sprachliche Gestaltung und die Mimik zum Inhalt passt.

Auswertung

- Woran erkannten die Zuhörenden, welche Stimmungen die Erzählenden ausdrücken wollten?
- Was empfinden die Zuhörenden als angemessen, was als zu fade oder als übertrieben?

Geschichten, die sprachlich und mimisch anschaulich gestaltet werden, erscheinen den Zuhörenden besonders eindrücklich. Diese Form der Gestaltung ist Kindern meist fremd. Sie muss eingeführt und geübt werden.

Wer eine Präsentation in dieser Art gestaltet, gibt immer etwas von seiner Person preis. Wir müssen darum bei der Rückmeldung darauf achten, dass sie nicht als verletzend empfunden wird.

Reden wie ein Profi

Partner Gruppe	20 Min.	ab 1. Sj.

Ein Sprechvorbild nachahmen

gestaltend sprechen G 2

Die Schülerinnen und Schüler wählen ihnen bekannte Sprecher und Inhalte, um sich ganz auf die sprachliche Gestaltung konzentrieren zu können.

Anregung

- Vom Video oder ab Tonband werden nacheinander einige bekannte Werbespots aus Fernsehen und Radio vorgespielt.
- Die Aufgabe besteht jeweils darin, möglichst genau die Art der sprachlichen Gestaltung nachzuahmen, das Vorbild so perfekt als möglich zu kopieren.
  - Tipp 1: Man lernt schneller, so zu reden, wenn man am Anfang übertreibt!
  - Tipp 2: Bei längeren Texten kann man den Text auf einen großen Zettel in Augenhöhe hinter den Zuhörern aufhängen, damit man ablesen kann.

Auswertung

- Wie ist es, in die Rolle des Sprachvorbildes zu schlüpfen?
- Welche Vorbilder kopiert man gerne, bei welchen fällt es schwer?
- Welche eigenen Hindernisse machen es schwer zu reden wie ein Profi?

Das Erproben der Sprechweise von 'Profis' soll dazu beitragen, den eigenen Stil des sprachlichen Ausdrucks zu finden. Dies ist für die Identitätsentwicklung hilfreich. Nachahmen erleichtert es auch, Sprechhemmungen abzubauen.

Varianten

Für den Anfang eignen sich Aufzeichnungen von Werbespots, die die Kinder bereits kennen.

Später und in höheren Klassen können Nachrichtensprecher kopiert werden.

Es können auch Idole aus der Fernsehwelt kopiert werden. Man kann dies mit einem Rätsel verknüpfen: die Rolle allein üben und die Zuhörenden dann raten lassen, wen man gespielt hat.

Kanitverstan

Partner Gruppe	30 Min.	ab 1. Sj.

Verständigung mit paraverbalen Mitteln (Stimmklang) erproben

gestaltend sprechen G 3

Kann man sich verständigen, selbst wenn die Bedeutung der Wörter nicht verstanden werden kann?

Anregung

- Wählt zu zweit eine Konfliktsituation aus, z.B.:
  Ihr möchtet im Fernsehen das Fußballspiel ansehen, aber die anderen, die mit euch den Raum teilen, möchten das auf keinen Fall.
- Besprecht den Verlauf des Konflikts nicht. Ihr könnt aber beraten, wie ihr die Szene beenden wollt, z. B. durch Kompromiss und Verständigung, durch Davonlaufen, Weinen usw.
- Spielt dann den anderen die Situation vor. Dabei sollt ihr ausschließlich Vokale ohne Bedeutung verwenden: *aueiua! – ieoja!* usw.

Auswertung

- Woran haben die Zuschauenden bestimmte Aussagen erkannt?
- Welche «Sätze» waren Fragen, Befehle, gewöhnliche Mitteilungen?
- Was wollten die Spielenden sagen?

Am Tonfall lassen sich einerseits Aussage-, Befehls- und Fragesätze unterscheiden. Darüber hinaus verrät er die Emotionen und gibt damit wichtige Hinweise auf den möglichen Inhalt.

# Sprache des Körpers	Partner Gruppe	20 Min.	ab 2. Sj.

Auf die Signale des Körpers achten lernen	gestaltend sprechen G 4

Die Kinder sollen auf die Botschaften aufmerksam werden, die der Körper zusätzlich zu den gesprochenen Worten vermittelt.

Anregungen

- Tätigkeiten erraten: Ein Kind erhält auf einem Zettel einen Begriff, den es pantomimisch darstellen muss.
- Denkt euch zu zweit eine kurze Handlung aus, die pantomimisch dargestellt werden kann. Übt die Präsentation kurz zusammen und stellt die Pantomime dann vor.
  Können die Zuschauenden erkennen, worum es geht?
- Stegreifspiel zu zweit: A ist in eine peinliche Lage gekommen und versucht sich bei B herauszureden.
  Die Zuschauenden beobachten die Körperhaltung, die Bewegungen, den Blick und den Klang der Stimme. Wie wirkt A? Lässt sich daran seine seelische Situation ablesen?
- Zwei Schüler/innen aus «Fantasia» mit einer uns unverständlichen Vokalsprache sprechen zusammen – natürlich stark gestikulierend. Das Thema ist abgesprochen und vorbereitet, evtl. sogar eingeübt.
  – Können die Zuschauenden erkennen, worum es den beiden geht?
  – Welche Gesten sind für bestimmte Aussagen oder Gefühle typisch?

Worte können lügen – der Körper lügt nie. Das jedenfalls behaupten Kommunikationspsychologen. Sie glauben, dass die Sprache des Körpers unmittelbarer und weniger kontrollierbar ist als die Worte.

Hier geht es darum, erste Entdeckungen zu diesen Zusammenhängen zu machen. Eine gültige Theorie gibt es nicht. Vor allem kann es nicht darum gehen, irgendwelche Muster einzuüben.

Sprechrollen

Gruppe	20 Min.	ab 2. Sj.

Sich beim Vorlesen in eine bestimmte Situation versetzen

gestaltend sprechen G 5

Wie ein Text empfunden wird, ist ganz wesentlich davon abhängig, wo und wie er präsentiert wird.

Anregung

- Wählt einen beliebigen Text aus, etwa eine Passage aus einer Tageszeitung oder aus einem Roman (maximal dreißig Wörter).
- Jemand liest den Text vor. Die Art des Vortragens soll dabei einer Vorgabe entsprechen, die auf einem Kärtchen nur dem Lesenden gezeigt wird.
  Beispiele:
  - Märchenerzähler/in
  - Sportreporter
  - Nachrichtensprecher/in
  - Räuber Hotzenplotz
  - Fee
- Die Zuhörenden müssen erraten, welche Rolle die Sprechenden übernommen haben bzw. um welche Art Anlass es sich handelt.

Auswertung

- Die Gruppe diskutiert, an welchen Merkmalen des Sprechens die Art der Vorgabe erkennbar wird.
- Es kann auch analysiert werden, welche Darstellung am glaubwürdigsten ist und aus welchen Gründen. Hat es mit der Person des Sprechers zu tun? Mit dem Inhalt des Textes? Mit der Situation?

Die paraverbalen Merkmale der Sprache (Melodie, Klang, Tonhöhe, Spannung … der Stimme) können besonders gut eingeordnet werden, wenn sie vom Inhalt getrennt wahrgenommen werden. Darum macht es auch Sinn, anstelle eines bedeutungshaltigen Textes eine erfundene Nonsens-Sprache zu verwenden

Variante

Einfacher wird die Übung, wenn vorher einige eindeutige Situationen vorgegeben werden, aus denen die Sprechenden eine auswählen.

Sketsch

Gruppe	45 Min.	ab 2. Sj.

Effektvolle Szenen erfinden und der Klasse präsentieren

gestaltend sprechen G 6

Kinder und Jugendliche sind für das Spielen kleiner Szenen meistens leicht zu begeistern. In eine Rolle zu schlüpfen macht Spaß.

Anregungen

- Sketsch
  Sucht zu zweit oder in der Kleingruppe eine Geschichte, die sich in effektvoller Weise darstellen lässt.
  - Beschreibt den Verlauf der Geschichte genau
  - Denkt euch in eure Rollen hinein
  - Übt die Szene und stellt sie wirkungsvoll dar.
- Ballade
  - Lernt eine Ballade auswendig und tragt sie vor, evtl. auch auf mehrere Schüler/innen aufgeteilt oder mit verteilten Rollen.
  - Überlegt, wie der Rahmen dargestellt werden könnte: Benötigen wir einen Kommentator? Wechselnde Kulissen (Wir sind der Wald, das Feuer, der Sturm ...)
  - Übt die Vorführung ein und arbeitet an der guten Wirkung.
- Szene mit paraverbalen Mitteln
  Eine Szene mit einfachem und klarem Verlauf wird mit viel Bewegung, Gestik und Mimik vorgeführt. Gesprochen aber wird nur in bedeutungslosen Wörtern.
  Beispiele für Themen:
  - Diebstahl mit Entdeckung, Verfolgung und schließlich Verhaftung.
  - Alle springen vom Dreimeterbrett, zwei Kinder drücken sich.

Im Spiel wird schöpferische Fantasie geweckt. Die Kinder lernen, zunächst stellvertretend für ihre Figuren einzustehen und eine Position zu vertreten. Dies ist eine gute Vorbereitung für die Aufgabe, die eigene Meinung wahrzunehmen und die eigene Position zu vertreten.

Andererseits hat die Aufgabe auch etwas Spielerisches. Es soll bewusst werden, mit welchen Darstellungsmitteln man eine effektvolle Wirkung erzeugen kann.

Die Aufgaben lassen sich variieren. So kann z. B. eine Gruppe den Text rezitieren, während die andere spielt.

# Rezitieren	Einzeln Klasse	20 Min.	ab 3. Sj.
Einen Text sprachlich gestaltet vortragen	gestaltend sprechen		G 7

Mit dem Vortragen eines Textes Wirkung zu erzielen, d.h. eine angemessene Stimmung zu erzeugen, ist eine Kunst.

Anregung

- Wählt einen kurzen Text, z. B. ein Gedicht aus. Lernt ihn auswendig und rezitiert ihn so, dass die Art des Vortragens zum Inhalt passt. Beispiele:
  - Szene aus einem Theaterstück
  - Stimmungsgedichte wie «Über allen Wipfeln ist Ruh»
  - Balladen mit spannenden Szenen
  - Gedichte über Elend, Sterben, Tod
  - Liebesgedichte
- Übt das Vortragen und achtet dabei darauf, durch welche Mittel der Text besonders zu wirken beginnt:
  - Wörter deutlich und klar aussprechen
  - eindringlich sprechen, d.h. Betonung und Sprechtempo gestalten
  - Zuhörende ansehen, evtl. Gestik und Mimik einsetzen
- Tragt den Text der Klasse vor und diskutiert:
  - Was vermag die Zuhörenden besonders einzustimmen?
  - Welche Mittel könnten den Vortrag noch besser unterstützen?
- Erprobt unterschiedliche Rezitationsweisen und diskutiert ihre je eigene Wirkung.

Die Stimme ist für die Stimmung verantwortlich. Schauspieler und andere versierte Sprecherinnen und Sprecher lernen, Texte mit ihrer Stimme (und mit Gestik und Mimik) so zu unterstützen, dass ihr Vortrag zu einem Erlebnis wird.

Schülerinnen und Schüler sollen zwar nicht Theaterprofis werden, aber es scheint uns dennoch nützlich, sie mit der Frage zu konfrontieren, was denn einen Textvortrag wirkungsvoll erscheinen lässt.

In einigen Schulen ist das Auswendiglernen von Gedichten verpönt. Im Zusammenhang mit Gestaltungsaufgaben wird es aber nach unserer Erfahrung als sinnvoll erlebt.

Talkshow

	Gruppe Klasse	30 Min.	ab 3. Sj.

Eine Sprechrunde spielen und dabei bestimmte Rollen einnehmen

gestaltend sprechen G 8

In einer Talkshow kann die Wirkung der verbalen und der nonverbalen Sprache erfahren werden.

Anregung

- Die Gruppe wählt ein Thema, zu dem es unterschiedliche Meinungen gibt.
  Beispiele:
  - Abschaffung der Schulreise / der Hausaufgaben / der Schulpflicht…
  - Geburtstagsgeschenke selber machen oder kaufen?
  - Fernsehen: Was soll gestattet werden, was verboten?
- Die Standpunkte werden umschrieben und Rollenträger («Experten») bestimmt, die sie vertreten. Sie können gewählt oder zugelost werden. Der Ort wird umschrieben und die Szene eingerichtet.
- Eine Schülerin / ein Schüler führt als Moderator ins Thema ein und leitet die Talkshow, sorgt dafür, dass alle zum Zuge kommen und dass kein Chaos entsteht und fasst am Ende zusammen.
- Die Rolleninhaber vertreten ihre Auffassung pointiert und mit entsprechender Mimik und Gestik.

Auswertung

- Gelang es, die Positionen klar herauszustellen?
- Wie habt ihr euch in der zugewiesenen Rolle gefühlt?

Die Schülerinnen und Schüler sollen lernen, sich in das Denken und Handeln bestimmter Personen zu versetzen, deren Rolle zu übernehmen und zu spielen.

Das Spiel kann zum Klamauk verkommen, wenn die Personen überzeichnet werden und starr agieren. Ziel des Moderators ist es zwar hier nicht, einen Kompromiss zu finden, dem alle zustimmen können. Es geht schließlich nur um das Darlegen und Klären der Positionen. Aber dennoch ist darauf zu achten, dass das Gespräch geordnet und ohne gegenseitige Verunglimpfungen verläuft.

# Der Situation anpassen	Gruppe Klasse	30 Min.	ab 3. Sj.
Das Sprechen der Situation und dem Partner anpassen	gestaltend sprechen		G 9

Jede Situation verlangt ihre eigene sprachliche Gestaltung.

Anregungen

- In der Gruppe bereitet jedes Kind einen kurzen Bericht vor, z. B.
  - Über meine Fortschritte beim Instrumentalspiel / im Sport …
  - Wie ich etwas Bestimmtes (z. B. Briefmarken) sammle
  - Spielregel eines Spiels, z. B. Mikado

  Der Bericht wird nun unter unterschiedlichen Rahmenbedingungen vorgetragen. Die Gruppe stellt also verschiedene Adressaten dar. Beispiele
  - ein Kleinkind mit eingschränkter Welt- und Spracherfahrung
  - eine ungeduldige Person, die sich kaum Zeit zum Zuhören nimmt
  - eine angsteinflößende Respektsperson

  Anschließend wird diskutiert, wie angemessen die Situationen bewältigt worden ist.
- Gleiche Aufgabe, aber jetzt wechselt die äußere Situation:
  - Wir sprechen im Zug, der durch einen Tunnel donnert.
  - Der schwerhörige Großvater versteht uns schlecht oder falsch.
  - Wir sprechen zu einem weit entfernt stehenden Partner.
- Du willst ein fremdsprachiges Kind, das kein Wort Deutsch versteht, zu deinem Geburtstagsfest einladen.

Variante

- Die Aufgabe wird als Einzelarbeit gelöst, wobei die Texte auf Tonband gesprochen und später abgehört und diskutiert werden.

Eine Schwierigkeit beim situationsangemessenen Sprechen ist es, dass wir uns einerseits auf unseren Inhalt und die Formulierung konzentrieren müssen, andererseits aber auch auf unser Gegenüber eingehen sollten.

Versierte Sprecher/innen passen sich der Situation von selbst an – auch Kinder. Bei dieser Aufgabe soll bewusst gemacht werden, welche Situationen ein bestimmtes Verhalten nötig machen.

Ein Referat coachen

Partner	90 Min.	ab 4. Sj.

Die passende Vortragsform erproben und trainieren

gestaltend sprechen G 10

Wie beim Sport kann man auch beim Referieren einen Trainer einsetzen, denn Referieren ist lernbar.

Anregung

- Wählt ein Thema, in dem ihr euch besonders gut auskennt. Bereitet dazu ein Referat vor.
- Das Referat wird vor dem Coach, also einer Partnerin/einem Partner gehalten. Die Beobachtungsgesichtspunkte für den Coach können vorher abgesprochen werden.
- Der Coach gibt Rückmeldung zu den vorher festgelegten Gesichtspunkten und ergänzt durch weitere Beobachtungen.
- Bei jedem Durchgang macht der Coach konkrete Vorschläge. Das gleiche Referat wird solange wiederholt, bis Referent und Coach mit dem Ergebnis zufrieden sind.

Varianten

- Das Referat kann anschließend unter schwierigeren Bedingungen, z. B. vor der ganzen Schulklasse gehalten werden.
- Es werden mehrere Beobachtungsgesichtspunkte auf mehrere Zuhörende aufgeteilt, die dann aus ihrer Sicht Rückmeldung geben.
- Das Referat wird auf Video aufgenommen, dann gemeinsam angesehen und beraten, worauf man achten will. Am Ende des Coaching erfolgt noch einmal eine Aufnahme, damit die Fortschritte dokumentiert werden können.

Beobachtungsgesichtspunkte für das Coaching:

Beobachtungsgesichtspunkte zur Form, zum Vortragsstil:

- *angemessene Lautstärke*
- *genügende Betonung von Wichtigem*
- *geeignete Pausen zum Verstehen des Gehörten*
- *passendes Sprechtempo*
- *Variantenreiche sprachliche Gestaltung*
- *Blickkontakt zum Zuhörer*
- *Einsatz von Medien zur Veranschaulichung*

Beobachtungsgesichtspunkte zum Aufbau:

- *erkennbare Gliederung*
- *angemessene Ausführlichkeit*
- *verständliche Formulierungen*
- *folgerichtige Aussagen*

Typische Bewegung

Typische Bewegung	Gruppe	20 Min.	ab 1. Sj.
Sich nonverbaler Signale bewusst werden	hinterfragen		H 1

In einem Sack sind eine Reihe von Gegenständen, die für bestimmte Arbeiten gebraucht werden. Sie müssen aus dem Alltag oder aus der Schule bekannt sein.

Anregung

- Jemand greift ohne hinzusehen in den Sack und ertastet einen Gegenstand (z. B. Kochlöffel, Kleiderbürste, Kreide).
- Dann wird die Hand ohne den Gegenstand wieder aus dem Sack gezogen. Mit einer typischen Bewegung wird gezeigt, wie der ertastete Gegenstand gebraucht werden kann.
- Die Zusehenden raten, um welchen Gegenstand es sich gehandelt hat.
- Die typische Handbewegung wird so lange gezeigt, bis der Gegenstand erraten wird.
- Variante: Die Bezeichnung des Gegenstandes (allenfalls ein Verb für die entsprechende Tätigkeit) wird von den Zuschauern auf Kärtchen geschrieben und gesammelt. Am Schluss werden die Kärtchen den auf dem Boden ausgebreiteten Gegenständen zugeordnet.

Auswertung

Welche Gegenstände sind einfach darzustellen, welche bereiten Mühe?

Dieses Vorgehen schult das begriffliche Wissen und die Wahrnehmung von Gesten, die den Gebrauch bekannter Gegenstände pantomimisch darstellen.

Für fremdsprachige Kinder kann die Aufgabe den Erwerb des deutschen Wortschatzes unterstützen.

Varianten

- *Adjektivübung:*
  Der Gegenstand muss mit Adjektiven beschrieben werden.
- *Die Kinder können selber Gegenstände mitbringen.*

# Absichten erkennen	Klasse	45 Min.	ab 1. Sj.
Absichten eines Sprechers erkennen lernen	hinterfragen		H 2

Anhand von überzeichneten Figuren lässt sich besonders gut überlegen, was jemand eigentlich will. Im Alltagsgespräch ist oft weniger gut erkennbar, was ein Sprecher beabsichtigt. Die Worte können die eigentliche Absicht sogar verschleiern.

Anregung

- Grundlage ist ein Zeichentrickfilm zu einem Märchen, das den meisten Schülern bekannt ist.
- Die Absichten der Figuren werden vor dem Anschauen des Films besprochen.
- Beim Ansehen des Films gilt es zu beobachten, woran man erkennen kann, was eine Figur wirklich beabsichtigt.
- Der Film wird immer wieder unterbrochen, wenn Anzeichen dafür sichtbar werden, dass eine bestimmte Absicht einer Figur vorliegt. Die Klasse diskutiert diese Einschätzungen.
- Freiwillige spielen die Szene nach und kopieren das nonverbale und verbale Verhalten. Die Zuschauer geben ein Feedback darüber, wie gut die Kopie gelungen ist.

Auswertung

- Diskussion: Wie können wir bei Gesprächen die Absichten erkennen?

In einem Zeichentrickfilm sind kommunikative Verhaltensweisen deutlicher erkennbar als im normalen Film. In Märchen sind die Absichten bekannt und vereinfacht, weil die Figuren meistens nur eine Art von Absicht und Ziel haben, entweder eine gute oder eine böse. Darum eignen sich Zeichentrickfilme für Erkennungsübungen zum kommunikativen Verhalten.

Das Nachspielen erleichtert es den Kindern, die abgeschwächten Verhaltensweisen im alltäglichen Kommunikationsverhalten wieder zu erkennen.

Mund und Augen

Partner Gruppe	15 Min.	ab 2. Sj.	

An der Mund- und Augenpartie den Gefühlszustand erkennen

hinterfragen H 3

Menschen, die einander gut kennen oder einander sonst sehr gut verstehen, können im Gesicht des anderen lesen. Im Folgenden soll versucht werden, an Mund- und Augenpartie zu erkennen, was für ein Gefühlszustand dargestellt wird.

Anregung

- Alle notieren auf einem Zettel in einer beliebigen Reihenfolge mehrere Gefühlszustände (Trauer, Zufriedenheit, Wut, Übermut, Staunen, Freude ...). Die anderen dürfen den Zettel nicht sehen.
- Jetzt hält sich eine Person ein Blatt Papier derart vor das ganze Gesicht, dass nur Mund und Kinn oder nur die Augenpartie sichtbar sind. Mit diesem teilweise abgedeckten Gesicht werden die Gefühlszustände der Reihe nach dargestellt.
- Die anderen raten, welches Gefühl jeweils ausgedrückt werden soll, und notieren dies auf einen Zettel.
- Dann werden die Einschätzungen mit der beabsichtigten Aussage verglichen.

Auswertung

- Welche Gefühle waren schwer zu erraten?
- Woran liegt dies?
  - Vielleicht ist die Gefühlslage fremd für den Darsteller und deshalb schwer darstellbar?
  - Ist sie fremd für den Betrachter und deshalb schlecht erkennbar?

Bei dieser Übung soll erfahren werden, was Mundpartie und Augen über einen Gefühlszustand aussagen können. Die anderen Teile des Gesichts werden hinter einem Papier oder einem Karton versteckt.

Japanische Variante

Eine schwierigere Aufgabe ist es, wenn alle ausgedrückten Gefühle mit einem Lächeln kombiniert werden, wie dies in gewissen Kulturen Sitte ist. Die ratende Person muss dann wahre und überspielte Gefühlszustände unterscheiden können.

Förderliche Signale

Partner Gruppe	30 Min.	ab 3. Sj.

Förderliches Gesprächsverhalten erkennen lernen

hinterfragen H 4

Günstige Verhaltensweisen im Gespräch sollen bewusst werden, damit daraus Gesprächsregeln abgeleitet werden können.

Anregung

- Zwei Partner diskutieren ein Sachproblem und nehmen dabei bewusst eine unterschiedliche Haltung ein. Sie können das Gespräch auf Video oder Tonband aufzeichnen.
- Sie haben den Auftrag, dem Partner möglichst oft zu signalisieren, dass sie seine Äußerungen verstehen, auch wenn sie seine Ansicht nicht teilen.
- Die Gruppe beobachtet das Gespräch und hält fest, an welchen Stellen förderliche Signale sichtbar wurden.
- Sie benennt anschließend solche Signale und listet sie auf.
- Dann wird diskutiert, welche Wirkung die Signale haben.

Weiterführung

- Jede / jeder überlegt, welche Gesprächsförderer sie / er in nächster Zeit erproben will. Ein kurzes Gespräch darüber kann die Arbeit abschließen.
- Die Klasse erhält den Auftrag, im Laufe einer Woche Gesprächsförderer zu erproben. Dann erfolgt ein Gespräch über die Erfahrungen.

Beispiele für gesprächsförderliche Verhaltensweisen:

- *Den Gesprächspartner anschauen.*
- *Dem anderen das Wort geben, ihn am Gespräch beteiligen.*
- *Paraphrasieren: Die Aussage in eigenen Worten wiederholen oder zusammenfassen.*
- *Nachfragen, klären: Wie meinst du das genau?*
- *Auf die Aussagen des anderen eingehen, antworten.*
- *Die Befindlichkeit des anderen ansprechen.*

Zur besseren Anschauung kann vorgängig die Lehrperson in einem Gespräch modellhaft gesprächsförderliche Signale demonstrieren.

Bremsklötze im Gespräch

Bremsklötze im Gespräch	Gruppe Klasse	30 Min.	ab 3. Sj.
Hinderliches Gesprächsverhalten erkennen lernen	hinterfragen		H 5

Ungünstige Verhaltensweisen im Gespräch sollen erkannt werden, damit daraus Gesprächsregeln abgeleitet werden können.

Anregung

- Die Spielregeln werden abgesprochen: Man darf sofort mit dem Wort «Stopp» das laufende Gespräch stoppen, wenn man herausgefunden hat, welcher Bremsklotz dargestellt wurde.
- Die Lehrkraft oder ein Kind übernimmt die Rolle des Bremsers und unterhält sich mit einem Freiwilligen aus der Klasse über ein vorgegebenes Diskussionsthema, zu dem beide etwas zu sagen wissen.
- Der Bremser verwendet im Gespräch verschiedene Bremsklötze. Die Zuschauer stoppen das Gespräch, wenn sie solches Gesprächsverhalten erkannt haben. Der Bremser variiert den Schwierigkeitsgrad nach der Kompetenz der Zuschauer.
- Die Bremsklötze eines Gespräches werden mit einem Namen benannt, die an der Wandtafel aufgelistet werden.
- Am Schluss überlegen wir uns, mit welchem Verhalten wir Bremsklötze vermeiden können. Dazu formulieren wir Regeln.

Weiterführung

- Alle überlegen sich, welchen Bremsklotz sie in nächster Zeit vermeiden wollen. Ein kurzes Gespräch darüber kann die Arbeit abschließen.

Bremsklötze (Beispiele):

- *Den Gesprächspartner nicht anschauen, sich abwenden, sich mit etwas anderem beschäftigen.*
- *Dauerreden halten, den anderen nicht zu Wort kommen lassen.*
- *Dem anderen ins Wort fallen, ihn nicht ausreden lassen.*
- *Den anderen seiner Meinung wegen persönlich angreifen.*
- *Abrupter Themenwechsel ohne Themenabschluss.*
- *Nicht auf das eingehen, was der andere gesagt hat.*

Jeder hat bevorzugte Verhaltensmuster, und oft verwenden wir Bremsklötze, ohne uns dessen bewusst zu sein. Es ist wichtig seine Eigenarten zu kennen und persönlich Vorsätze für die Verbesserung des Gesprächsverhaltens zu fassen.

Gespräche beobachten

Gruppe Klasse	30 Min.	ab 4. Sj.

Gelungenes und Störungen erkennen

hinterfragen H 6

Aus der Beobachtung von Gesprächen können wir lernen, unser eigenes Gesprächsverhalten kritisch zu hinterfragen. Für die folgende Aufgabe sollen Beispiele von Gesprächssituationen zur Verfügung stehen. Man kann sie übernehmen (Video- oder Tonbänder von Fernseh- oder Radiosendungen) oder im Rollenspiel spielen lassen.

Anregung

Beobachtet ein Gespräch sehr kritisch. Schaut euch eine auffällige Szene mehrmals an und diskutiert die problematische Situation.
Beispiele:

- Aneinander vorbei reden: Jede Person sieht nur ihre Auffassung.
- Vorwürfe: Die Personen reagieren empfindlich oder verletzt und machen einander Vorwürfe.
- Drängen: Die eine Person will unverzüglich zu einem Ergebnis kommen, die andere zögert.
- Unsachlichkeit: Beiträge haben nichts mit der Sache zu tun.
- Abschweifung: Der eine Partner bleibt beim Thema, der andere schweift ab.
- Rechthaberei: Beide Personen pochen darauf, dass sie im Recht sind.
- Verdecken: Eine Person hält ihre Meinung verdeckt, signalisiert aber, dass sie eine andere Meinung hat als die anderen.

Wenn wir Szenen spielen, müssen Rollenbeschreibungen vorbereitet werden. Wir stellen deutlich klar, dass hier eine Rolle übernommen und nicht die eigene Auffassung ausgedrückt wird. Die Rolle kann auf eine Karte geschrieben werden, die der Rollenträger vor sich aufstellt.

Die Zuschauenden können im Anschluss an das Rollenspiel gefragt werden, welche Gesprächsprobleme dargestellt wurden.

Gespräche beurteilen

Gruppe Klasse	30 Min.	ab 4. Sj.

Kriterien für die Beurteilung von Gesprächen bewusst machen

hinterfragen H 7

Gesprächsverhalten kann beurteilt werden. Die Kriterien sollen selber gefunden und zusammengetragen werden.

Die Übung bietet sich im Anschluss an Gespräche im Klassenrat/ in der Arbeitsgruppe an, besonders dann, wenn die Gespräche nicht befriedigend verlaufen sind. Zur Verdeutlichung können aber auch aufgezeichnete Gespräche genommen werden.

Anregungen

- Sammelt Beobachtungskriterien für das Verhalten der Teilnehmenden in Gesprächen. Analysiert das Gesprächsverhalten anhand dieser Kriterien.
- Übung: Die eine Gruppe erprobt in einem Gespräch bestimmte Verhaltensweisen, die andere beobachtet und beurteilt das Gesprächsverhalten.
- Nehmt eine Rolle an und führt ein Gespräch. Im Anschluss sollen die Beobachtenden eure Rolle möglichst genau beschreiben.

Auswertung

Diskutiert unterschiedliche Verhaltensweisen. Welche erlebt ihr als passend, bei welchen fühlt ihr euch nicht wohl?

Beispiele von Gesichtspunkten. Es sollen jeweils einige wenige ausgewählt werden:

- *Länge der Beiträge*
- *Beteiligungsgrad*
- *Verständlichkeit der Beiträge*
- *Originalität der Gedanken*
- *Überzeugungskraft*
- *Konzentration auf das Thema*
- *Eingehen auf die Vorredner*
- *Offenheit für andere Gedanken*
- *Pauschalurteile*
- *Kompromissbereitschaft*
- *Ermutigung anderer*
- *Lebhaftigkeit des Sprechens*
- *offener Blick in die Runde*
- *redet kurz und präzise*

Umgang mit Angeberei

Gruppe Klasse	20 Min.	ab 4. Sj.

Reaktionsweise bei Angebereien erproben

hinterfragen H 8

«Beim Fußballspielen macht mir keiner was vor.»
Wer angibt, hat es nötig, weil sein Selbstwertgefühl so schwach ist, dass er es immer wieder aufpolieren muss. Wie sollen wir mit Situationen umgehen, in denen andere zeigen möchten, wie gut sie sind?

Anregung

Erprobt in spielerischer Art unterschiedliche Verhaltensweisen und diskutiert die jeweilige Wirkung (zum obigen Beispiel):

- Angriff: «Du triffst ja nicht einmal das Tor, dreimal hast du danebengeknallt.»
- Übertrumpfen: «Dir nehme ich den Ball alleweil ab.»
- Ins Lächerliche ziehen: «Ausgerechnet du mit deinen X-Beinen.»
- Bewundern: «Ja, da bist du wirklich Spitze.»
- Sarkastische Übertreibung: «Du wirst bestimmt bald einmal ein Superstar, um den sich die größten Clubs streiten.
- Gleichziehen: «Im Fußballspielen bin ich auch nicht schlecht.»
- – – – (Nichts sagen, Thema wechseln)

Auswertung

Diskutiert die verschiedenen Möglichkeiten.

Wer eine Stärke immer hervorheben muss, besitzt sie in der Regel gerade nicht; sein Selbstwertgefühl ist angeschlagen.

Wieso lassen wir uns dennoch immer wieder zu einem Wettstreit verleiten: «Ich bin besser als du!»?

Einmischen

Partner / Gruppe	20 Min.	ab 4. Sj.

Kommunikationsbedürfnisse erkennen lernen

hinterfragen H 9

Nicht alle Menschen einer Gruppe kommunizieren gleich gerne. Ein Problem ergibt sich, wenn einige ihre Ruhe haben und andere kommunizieren möchten. Beispiel: Die Mutter war allein zu Hause und möchte Teil haben an den Erlebnissen des Mannes im Geschäft oder der Kinder in der Schule. Diese hingegen möchten ihre Ruhe haben und empfinden das Bedürfnis der Mutter nach Kommunikation als Störung und Einmischung.

Anregungen

Erprobt im Rollenspiel Verhaltensweisen bei einer Einmischung:

- Familientisch: Die Mutter befragt ihr Kind über die Schule.
- Am Strand: Der Sohn baut eine Sandburg, der Vater mischt sich ein.
- Die Mutter gibt ihrer Tochter Ratschläge, was sie anziehen sollte.
- Der Vater befragt den Sohn über seine Leistungen in der Schule.

Auswertung

- Welches sind die Motive für die Einmischung?
- Welche Gefühle lösen sie aus?
- Wann darf/kann/muss man sich einmischen?

Einmischung kann zunächst als (lästige) Kontrolle empfunden werden. Kontrolle signalisiert immer: «Ich befürchte, du bist nicht o.k. – ich glaube, ich muss dir helfen». Das verstimmt einen in der Regel, und da könnte auch eine Reaktion einsetzen:

- *Verstimmung wahrnehmen, sich darüber Rechenschaft geben.*
- *Verstimmtheit ansprechen:*
  - *Das mag ich nicht*
  - *Das macht mich zornig*
  - *Das verletzt mich*

Das Offenlegen der Gefühle ist eine Voraussetzung dafür, dass wir über die Situation sprechen können.

# Verbale Gemeinheiten	Gruppe	30 Min.	ab 4. Sj.
Umgang mit verbalen Angriffen üben	hinterfragen		H 10

Auf Angriffe reagieren wir normalerweise gefühlsmäßig. Es ist, als ob die Vernunft zunächst blockiert würde. Die Übung soll dazu beitragen, dass wir in solchen Situationen zuerst überlegen, wie wir reagieren wollen.

Anregung

- Besprecht in der Klasse Erfahrungen mit verbalen Angriffen, sei es anhand eines Vorkommnisses, sei es mit Hilfe einer (Bilder-)Geschichte.
- Beratet geeignete Reaktionsweisen, z. B. Gegenangriff/ignorieren/davonlaufen/Hilfe suchen.
- Erprobt unterschiedliche Verhaltensweisen im Rollenspiel.
- Im Spiel wird B von A verbal angegriffen. Die Gruppe flüstert B die Gedanken ein, die einen Streit vermeiden helfen, z. B.
  - Der will dich nur ärgern, reagiere nicht, bleibe gelassen und ruhig.
  - Lass dich nicht provozieren, lass ihn leer laufen.
  - Wende dich etwas anderem zu, beachte ihn einfach nicht ... usw.

  B wählt von den Ratschlägen die nützlichsten aus und reagiert entsprechend.

Auswertung

Haltet die nützlichsten Verhaltensweisen auf einem Plakat fest.

Beschimpfungen und andere verbale Attacken sind bei vielen Jugendlichen an der Tagesordnung. Das erwachende Ich-Bewusstsein führt dazu, dass sie ihren sozialen Rang in der Gruppe oder in der Klasse erkämpfen müssen und verteidigen wollen.

Wird dies nicht thematisiert, können Kinder und Jugendliche – meist gerade die anständigeren – unter solchen Situationen leiden.

Geheimsprachen

Geheimsprachen	Partner Gruppe	20 Min.	ab 1. Sj.
Zum spielerisch-kreativen Umgang mit Sprache anregen	Interaktionsspiele		I 1

Bevor wir selber Vorschläge für «Geheimsprachen» machen, sammeln wir die Ideen und Vorschläge der Kinder.

Anregungen

- Wir vertauschen (angeregt durch Peter Bichsel: *Ein Tisch ist ein Tisch*) ausgewählte Wörter: Für *Stuhl* sagen wir *Wagen*, für *Heft Quark*, für *Schreibzeug Scheiterhaufen*, für *Füllfeder Spritze*, für *schreiben quasseln* usw. *«Ich setze mich auf den Wagen, öffne den Quark, krame aus dem Scheiterhaufen die Spritze hervor und beginne zu quasseln.»*
- Entscheidet euch für einen bestimmten Vokal und hängt ihn an jedes Wort an: Wiro sprecheno jetzto ino dero o-o-Spracheo.
- Wir hängen den Vokal an jede Silbe an: wiri veriwenideni diei i-i-Sprai-chei.
- Sprecht miteinander in einer Fantasiesprache, indem ihr immer denselben Vokal mit unterschiedlichen Konsonanten verbindet: *gaga-babatatza?* oder *ridbitidi!* usw.
- Gebt einander Anweisungen in der Geheimsprache. Wer kann sie verstehen und richtig ausführen?

Auswertung

- Was erleichtert oder erschwert die Kommunikation in der Geheimsprache?

Die Sprachnorm absichtlich zu verändern macht Spaß. Kinder erproben scherzhaft-spielerische Sprachveränderungen oft von sich aus.

Wie weit bei den Wortveränderungen die Bedeutung der Aussage erhalten werden soll, bleibt den Spielenden überlassen.

# Stegreifspiele	Gruppe Klasse	15 Min.	ab 4. Sj.
Spontan in eine Rolle schlüpfen und spielen	Interaktionsspiele		I 2

Im Stegreifspiel lernen die Schülerinnen und Schüler in eine Rolle zu schlüpfen und im Sinne dieser Rolle spontan zu sprechen und zu spielen.

Anregungen

- Als Einstimmung: Alle bewegen sich in dem als Bühne bezeichneten Raum und spielen gemäß dem Impuls der Lehrperson:
  - Ihr versucht im dichten Gedränge euern Partner weiter vorne einzuholen. Es will aber nicht gelingen, ihr stößt dauernd an, tretet anderen auf die Füße und müsst euch entschuldigen.
  - Ihr seid der glücklichste Mensch und teilt dies allen mit.
  - Drei Spione sind, verteilt in der Menge, in dauerndem Kontakt, ohne dass sie erkannt werden dürfen.
- Drei oder vier Schüler/innen sprechen eine Situation ab. Sie spielen sie auf der Bühne mit Gesten und Worten.
  Beispiel: Beim Mittagessen am Familientisch.
- Einer denkt sich eine Situation aus und beginnt sie in Worten und Gesten darzustellen. Ein Zweiter betritt die Bühne und spielt mit. Sobald ein Dritter dazukommt und sich ins Spiel einmischt, verlässt der erste Spieler die Bühne.
- Die Gruppe spricht eine Szene ab und denkt sich einen Titel dazu aus. Sie spielt die Szene. Am Schluss versuchen die Zuschauer den Titel zu erraten.
- Eine «Familie» stellt dar, wie sie einen Fernsehfilm anschaut. Dieser kann von einer anderen Gruppe inszeniert werden.

Wer zu anderen spricht, muss dafür angemessene Worte finden. Spielt jemand eine Rolle, versucht er die Wirkung der Worte mit der Körpersprache, mit Mimik und Gestik zu unterstreichen.

Wir empfehlen, häufig zu kleinen Stegreifspielen zu ermuntern. Allerdings sollte das Spielen freiwillig sein.

Wenn Spiele mit Video oder Tonband aufgezeichnet werden, können die Darstellenden später über die Wirkung diskutieren.

Gespräche spielen

Gruppe	30 Min.	ab 1. Sj.

Gesprächsverläufe kennen lernen und erproben

Interaktionsspiele I 3

Gespräche folgen oft bestimmten Abläufen. Dies kann durch das Spielen von Gesprächen erfahren werden.

Anregungen

- Bereitet ein Gespräch zu einem selbst gewählten Thema vor, z. B.
  - Du musst der Lehrerin mitteilen, dass du am übernächsten Tag den Arzt aufsuchen musst. Die Mutter wird dich in der Pause abholen.
  - Du hast einen falschen Artikel gekauft. Die Mutter will, dass du ihn zurückbringst und das richtige Produkt kaufst.
  - Sage der Lehrerin, dass du die Aufgaben nicht gemacht hast.
  - Versuche eine Freundin zu überreden, mit dir dein Lieblingsspiel zu spielen.
- Bestimmt, wer welche Rolle übernimmt. Die Zuhörenden erhalten einen Beobachtungsauftrag:
  - Wie begrüßen sich die Partner?
  - Wie wird das Anliegen vorgetragen? (Gesprächseröffnung)
  - Wie reagiert die angesprochene Person?
  - Wie wird das Gespräch beendet? (Abschluss)
- Führt Gespräche mit wechselnden Partnerinnen und Partnern durch.

Auswertung

Die Auswertung erfolgt anhand der Beobachtungsaufträge. Dabei sollen die Erwartungen in bestimmten Gesprächssituationen berücksichtigt werden.

In Gesprächssituationen müssen verschiedene Regeln beachtet werden. Dabei spielt es eine Rolle, ob die Beteiligten sich bereits kennen oder nicht. Davon hängt nicht nur der Gesprächston ab, sondern auch die Art der Kontaktaufnahme oder der Verabschiedung.

Mögliche Sprachhandlungen:

- *begrüßen, sich vorstellen*
- *etwas fragen*
- *etwas erzählen*
- *über etwas berichten*
- *etwas erklären*
- *antworten*
- *die eigene Meinung äußern*
- *sich beschweren*
- *sich entschuldigen*
- *sich verabreden*
- *sich verabschieden*

Tiere

Gruppe	20 Min.	ab 2. Sj.

Spiel mit nonverbalen Mitteln und Umschreibungen

Interaktionsspiele I 4

Lernen, aus dem Gesamtzusammenhang und mit Hilfe von Gestik und Stimmklang eine Situation zu deuten.

Anregungen

- Beim Tierarzt
  Eine Gruppe Kinder sitzt im Warteraum des Tierarztes. Jedes hat sein Tier in Form eines aufgeblasenen Luftballons bei sich – entweder auf den Knien oder auf dem Boden neben sich.
  Die Gruppe unterhält sich über «die lieben Kleinen» und ihre Krankheiten. Man spricht zwischendurch auch mit dem «Patienten», ohne zu verraten, was für ein Tier es ist.
  Gelingt es den Zuschauenden, dies zu erraten?
- In der Kleintierhandlung
  Kunden in der Kleintierhandlung fragen das Verkaufspersonal allerhand über die angebotenen Tiere, über ihre Pflege, das Futter usw. Die Spieler haben sich über die Tiere, über die sie reden, abgesprochen. Die Zuschauenden sollen es aus dem Gespräch erraten.
- Nachbars «Goofy» ist weg
  Der Tierbesitzer fragt die Nachbarn links und rechts jenseits der Gartenzäune lautstark, ob sie ihren «Goofy» gesehen hätten. Das Tier sei entwischt. Dabei denkt sich der Besitzer ein bestimmtes Tier. Die Nachbarn müssen durch geschicktes Fragen herausfinden, um welche Art Tier es sich handelt, ohne sich anmerken zu lassen, dass sie es nicht wissen.

Mit Tieren sprechen viele Leute ähnlich wie mit kleinen Kindern. Die Art, wie wir uns mit den Worten und der Stimme auf unsere Zuhörenden einstellen, kann bei diesem Spiel bewusst gemacht werden.

Darüber hinaus geht es hier auch darum, über typische Eigenheiten und Verhaltensweisen der Tiere zu sprechen, ohne die Tiere selbst zu benennen.

Stummes Gespräch

Partner Gruppe	15 Min.	ab 2. Sj.

Sich durch nonverbale Sprache verständigen

Interaktionsspiele I 5

Zwei Partner/innen sollen sich auf eine gemeinsame Tätigkeit einigen, ohne miteinander zu sprechen.

Anregungen

- Die Partner sprechen vorgängig ab, wer sie sind und in welcher Situation sie sich befinden. Dann sollen sie sich während genau fünf Minuten ohne Worte unterhalten, einander Dinge zeigen, Erlebnisse berichten oder gemeinsam etwas planen.
- Der Partner soll durch Gestik und Mimik dazu veranlasst werden, eine bestimmte Tätigkeit auszuführen: Schuhe putzen, einen Brief schreiben, ein Gedicht gut vortragen usw.
- Jeder Partner stellt sich vor, wer er ist und in welcher Situation er sich befindet. Das Spiel beginnt ohne jede Absprache, wobei zunächst jeder seine Rolle für sich spielt. Sobald sie die Situation des anderen zu erkennen glauben, gehen sie auf ihn ein, nehmen Kontakt auf und versuchen, die Situation gemeinsam weiterzuführen.

Auswertung

- Im Anschluss an eine Spielszene sprechen die Partner darüber, wie sie verstanden worden sind.
- Es kann eine Beobachtergruppe eingesetzt werden, die im Anschluss sagt, wie die Situation auf sie gewirkt hat und wie sie sie deutet.

Die Kommunikation ohne Worte verlangt eine gute Beobachtung des Partners und einfühlsames Deuten seiner Absichten.

Jede Spielaufgabe soll einen klaren Anfang und ein eindeutiges Ende haben. Gespielt wird entweder ohne Beobachter oder mit Beobachtungsaufträgen:

- *Wie wurde die stumme Verständigung erlebt?*
- *Was hat die Situationsdeutung und die Verständigung erleichtert, was erschwert?*
- *Wo gab es Missverständnisse?*

Kunstwörter

Partner Gruppe	45 Min.	ab 3. Sj.

Kunstwörter verwenden und dennoch verstanden werden

Interaktionsspiele I 6

In eine Erzählung werden Kunstwörter eingebaut. Diese können frei erfunden sein oder ähnlich klingen, z. B. rückwärts gesprochen.

Anregungen

- Wähle eine Fabel und ersetze die Namen der Tiere durch Kunstwörter. Erzähle die Fabel. Finden die Zuhörenden heraus, um welche Tiere es geht?
- Ersetze in einem Märchen oder einer Sage einige Nomen der handelnden Figuren und der Orte (Wald, Schloss ...) oder der Dinge (Pferd, Schwert ...) durch Kunstwörter und erzähle die Geschichte in der Gruppe.
- Verändere eine Geschichte oder die Erzählung über ein eigenes Erlebnis durch Kunstwörter (vor allem Nomen und Verben) derart, dass die Zuhörenden verstehen oder erahnen können, worum es geht. Bereite die Erzählung gut zum Vortragen vor.
- Ersetze zusammen mit einem Partner / einer Partnerin einige wichtige Wörter (inkl. Verben), die oft vorkommen, durch Kunstwörter. Beginnt eure neue «Geheimsprache» im Alltag zu verwenden.

Auswertung

- Was verstanden die Zuhörenden von den Erzählungen? Wo war das Verständnis besonders einfach, wo besonders schwierig? Wie erklärt ihr euch dies?
- Welche Wörter vermuten sie hinter den Kunstwörtern?

Da die Zuhörenden aus Erfahrung wissen, welche Wörter und Wendungen in einem bestimmten Erzählform zu erwarten sind, fällt es ihnen meist nicht schwer, die Geschichten im Kern zu verstehen.

Reizvoll ist es, mit einem Freund / einer Freundin zusammen eine eigene, private Sprache mit Wörtern zu entwickeln, die Außenstehende nicht verstehen. Ein solcher «Privatcode» ist ein Zeichen für eine gewisse Nähe der beiden Partner bzw. der Gruppe.

Wie sag ichs?

Gruppe	15 Min.	ab 3. Sj.

Zusammenhang von Gesprächssituation und -stil bewusst machen

Interaktionsspiele I 7

In bestimmten Gesprächssituationen erwarten wir eine bestimmte, der Situation angemessene Ausdrucksweise.

Anregung

Diskutiert in der Gruppe verschiedene Möglichkeiten, in bestimmten Situationen etwas auszudrücken, und spielt solche Situationen. Erprobt auch fragwürdige Ausdrucksweisen.

- Situationen und Themen untereinander, z. B.
  - Beim Spielen in der Pause: Jemand fühlt sich ausgeschlossen.
  - Deine Freundin/dein Freund lässt dich sitzen und wendet sich jemand anderem zu.
  - Deine Freundin/dein Freund will mit dir etwas unternehmen, du hast dich aber bereits mit jemandem anderem abgesprochen.
- Situationen und Themen in der Familie oder in der Schule, z. B.
  - Die Familie am Esstisch. Du magst das Essen nicht.
  - Du wirst zu Bett geschickt, hast aber keine Lust zu gehen.
  - Im Auto im Stau: Jemand sollte unbedingt aufs Klo.
  - Jemand hat sich einen Streich ausgedacht, du bist dagegen.

Auswertung

- Welche Sprachformen passten gut, welche schlecht zur angenommenen Situation?
- Welche Erfahrungen habt ihr im Alltag mit solchen Situationen gemacht?

In jeder Gesprächssituation gibt es Erwartungen an den Gesprächsstil. Sie werden in der Regel durch die älteren Teilnehmenden bestimmt.

Dies wird besonders stark bewusst, wenn Regeln verletzt oder Erwartungen missachtet werden.

Erfindung

Gruppe	45 Min.	ab 4. Sj.

Verrückte Ideen entwickeln und vertreten

Interaktionsspiele I 8

Hier dürfen ausgefallene Ideen entwickelt und vorgestellt werden.

Anregung

In der Gruppe habt ihr etwas ganz Neues und Ausgefallenes erfunden oder entwickelt. Ihr wollt eure Erfindung jetzt propagieren.

- Einigt euch auf eine solche Erfindung. Es kann ein Gerät sein, oder ein Verfahren, mit dem man ein für die Menschheit wichtiges Problem lösen kann.
- Beschreibt die Erfindung mit Worten, Skizzen und evtl. Modellen.
- Stellt sie den anderen Gruppen mit viel Begeisterung vor. Die Zuhörer dürfen kritische Fragen stellen. Ihr versucht aber, sie für eure Erfindung zu begeistern.

Auswertung

- Wem ist es gelungen, sich so für seine Erfindung zu begeistern, dass sich diese Begeisterung auf die Zuhörenden übertrug?
- Wie ist auf kritische Zuhörer reagiert worden?

Variante

- Alle Gruppen erhalten dasselbe Nonsens-Thema und bereiten es für die Präsentation vor, z. B.
  - Eine Pille, die ein Jahr lang Essen und Trinken ersetzt.
  - Ein Gerät, das Lernen überflüssig macht.
  - Ein Fahrzeug, das nie im Stau stecken bleibt.

Gemeinsames kreatives Gestalten in der Gruppe ist nicht einfach. Das gilt vor allem auch für Gruppenprojekte im Schulalltag.

Mit dem vorgeschlagenen Spiel soll den Teilnehmenden bewusst werden, wer die Tendenz hat, initiativ zu sein und dabei andere mitzureißen, aber allenfalls auch zu überfahren oder wer weniger aktiv ist.

Grundsätzlich sollen sich bei gemeinsamen Projekten alle einbringen können. Zumindest soll sich niemand ausgeschlossen und übergangen fühlen.

Konferieren

Gruppe Klasse	30 Min.	ab 4. Sj.

Gemeinsam etwas aushandeln lernen

Interaktionsspiele I 9

Die Konferenz dient dazu, eine gemeinsame Position auszuhandeln. Häufig sind Konferenzen aus Teilnehmenden zusammengesetzt, die bestimmte, oft kontroverse Ansätze vertreten, sowie aus Unentschiedenen.

Anregungen

- Führt in Gruppen oder in der Klasse ein freies Konferenzgespräch zu einem Thema, das für möglichst viele von euch bedeutsam ist, z. B.
  - Was finden wir an der Schulhausordnung gut, was schlecht?
  - Wohin soll die Schulreise gehen?
  - Wie kann das Klima in der Klasse verbessert werden?
  - Was können wir selber gegen die Umweltzerstörung unternehmen?
- Als Spielform könnt ihr Rollen beschreiben, welche die Konferenzteilnehmenden spielen sollen. Vor den Betreffenden werden die «Rollenkarten» aufgestellt.

Als Spielregel kann verlangt werden, dass jeder Gesprächsbeitrag sich auf den vorangegangenen beziehen muss. Dieser wird aufgenommen und durch einen weiteren Gesichtspunkt gestützt oder aber kritisch in Frage gestellt.

Auswertung

Wie können wir als Klasse unser Konferenzverhalten noch verbessern?

Der Ablauf einer Konferenz ist standardisiert:

1 Die/der Vorsitzende erläutert das Problem.

2 Es folgen Beiträge, die die Positionen sichtbar machen. Sie haben zum Zweck, die Unentschlossenen für sich zu gewinnen.

3 Zwischendurch fasst die/der Vorsitzende zusammen. Bei unsachlichen Beiträgen wird ermahnt.

4 Am Ende erfolgt eine Abstimmung bzw. eine Klärung, wo man steht und wie es weitergehen soll.

# Missverständnisse	Gruppe Partner	30 Min.	ab 4. Sj.
Sich über missverständliche Situationen Rechenschaft geben	Interaktionsspiele		I 10

Ziel ist, dass die Kinder darüber nachdenken, was zu Missverständnissen führen kann.

Anregungen

- Denkt euch ein Gespräch aus, bei dem es zu einem Missverständnis kommt, weil die Gesprächspartner von unterschiedlichen Dingen reden oder etwas falsch verstehen. Spielt der Klasse eine solche Szene vor und sprecht darüber.
- Spielt einen Dialog zweier Sprecher, die einander schlecht verstehen, z. B. weil sie sich weit voneinander weg befinden.
  Beispiel:
  – «Kannst du zu Mittag kochen?» – «Was hat die Rita gebrochen?»
  – «Ich habe Hunger!» – «Die Zunge kann man doch nicht brechen!»
- Bringt Texte oder Tondokumente mit, bei denen es um Missverständnisse geht, z. B. von Loriot oder von Valentin:
  – Tragt sie einander vor.
  – Sprecht darüber, was sie für uns reizvoll macht.
  – Diskutiert darüber, warum es zu den Missverständnissen kommt.

Auswertung

- Diskutiert die Ursache der Missverständnisse in euern Szenen.
- Sprecht über Alltagserfahrungen mit Missverständnissen und überlegt, warum es dazu gekommen ist. Wie könnten Missverständnisse vermieden werden?

Der Grund für viele Missverständnisse ist, dass beim Sprechen vorausgesetzt wird, die Zuhörenden befänden sich in der gleichen Denkwelt und wüssten darum von selbst, worum es einem gehe.

Bei der Übung sollte erkannt werden, dass «Hören» immer auch «Deuten» heißt. Die Worte bzw. die Schallwellen werden anders interpretiert, als es die Sprechenden beabsichtigt haben.

Peacemaker

Partner Gruppe	30 Min.	ab 2. Sj.

Kinder schlichten Konflikte selber

Konflikte lösen K 1

Peacemakers haben in ihrer Klasse das Amt des Friedenstifters.

Anregung

- Anlässlich eines Klassengesprächs wird die Idee des Peacemakers eingeführt. Zwei Kinder der Klasse, ein Knabe und ein Mädchen, werden für das Amt des Peacemakers gewählt (verdeckte Wahl).
- Jedes Mal, wenn zwei Kinder einen Konflikt miteinander haben, schickt die Lehrperson sie mit einem oder beiden Peacemakern vor die Türe.
- Die Peacemaker haben die Aufgabe, eine Versöhnung der streitenden Kinder herbeizuführen. Der Konflikt ist erst dann gelöst, wenn beide Streitenden einverstanden sind.

Varianten

- Um das Vertrauen zu stärken besteht Schweigepflicht über die Inhalte des Gesprächs, auch der Lehrkraft gegenüber.
- Die Kinder, die einen Konflikt miteinander haben, können auch selber entscheiden, wann sie mit dem Peacemaker vor die Türe gehen wollen. Es genügt, wenn ein Kind das Gespräch verlangt.
- Man kann auf Schulhausebene einige ältere Schüler/innen zu Peacemakers ausbilden und bei klassenübergreifenden Konflikten (z. B. Pausenhofkonflikten) einsetzen.

Konfliktlösung mit Peacemakers ist wertvoll für alle Beteiligten: Die Streitenden lernen, dass man Konflikte nicht eskalieren lassen soll, sondern lösen. Die Peacemakers lernen, wie man andern dabei helfen kann und wie man mit Amtsautorität verantwortungsvoll umgeht. Das sind anspruchsvolle Sozialkompetenzen, die aber auch jüngere Kinder schon entwickeln können. Die Lehrperson kann den Unterricht ungestört mit den nicht am Konflikt beteiligten Kindern fortsetzen.

Hinweis

Die Eigeninitiative der Kinder sollte erst dann eingeführt werden, wenn durch ein gutes Klassenklima die Kooperationsbereitschaft der Kinder sichergestellt ist.

Schlichten

Klasse	30 Min.	ab 1. Sj.

Einen Streit schlichten

Konflikte lösen K 2

Anlässlich eines spielerischen Streitgesprächs versuchen neutrale Personen den Konflikt zu schlichten und um Verständnis für die jeweils andere Position zu werben.

Anregung

- Die Klasse entscheidet sich für ein Streitthema, zu dem es vorerst unversöhnliche Positionen gibt. Das Thema soll durchaus ermöglichen, dass man sich in starke Gefühle hineinsteigert.
- Die Rollen (Position A, Position B und Schlichtungsperson) können von den Kindern gewählt, durch die Leitung vorgegeben oder zugelost werden.
- Im Rollenspiel wird der Konflikt zunächst – evtl. lauthals und emotionsgeladen – verdeutlicht (Streitgespräch).
- Die Schlichtenden beraten sich, wie der Streit geschlichtet werden könnte. (Appell an die Vernunft, Vorschlag für einen Kompromiss…)

Auswertung

- Welche Argumente und Gefühle haben den Konflikt geprägt?
- Wie haben die Streitenden das Eingreifen der Schlichtenden erlebt?
- Welche Maßnahmen haben dem Streit die Schärfe am ehesten genommen?
- Wie gelang es, einen Kompromiss zu finden, der für beide Parteien annehmbar war?

Streit gehört in den Schulalltag, geht es doch gerade in der Zeit des erwachenden Bewusstseins für die eigene Individualität auch um die Position, die man in einer Gruppe einnimmt. Ein wichtiges Ziel ist darum, mit Konflikten umgehen zu lernen und Lösungen zu finden.

Variante

Die Schlichtungsaufgabe wird einer Person aufgetragen. Diese hat einen leeren Stuhl neben sich. Wenn sie winkt oder wenn jemand eine Idee für die Weiterarbeit hat, setzt sie/er sich auf den leeren Stuhl und greift damit in die weitere Schlichtungsarbeit ein. Die erste Schlichtungsperson wird damit abgelöst.

Kontrolliert streiten

Klasse Gruppe	30 Min.	ab 2. Sj.

Formen kontrollierten Streitens erproben

Konflikte lösen K 3

Im Eifer des (Wort-)Gefechts schreien wir uns schnell einmal an, ohne auf den anderen zu hören. Durch die folgende Übung soll erfahren werden, dass wir auch kontrolliert und diszipliniert streiten können.

Anregung

Bei einer Diskussion, vorab bei Streitgesprächen, wird die Regel eingeführt, dass vor jedem Beitrag auf die unmittelbar vorausgehende (oder zumindest auf eine früher geäußerte) Meinung eingegangen werden muss. Erst danach kommt die eigene Meinung. Sie wird normalerweise mit einer Begründung verbunden:

«Carol denkt, dass ... . Ich aber bin der Auffassung, dass ... und zwar aus folgendem Grund: ...»

Variante

Bei Streitgesprächen mit gegenseitigen Vorwürfen wird zuerst der Vorwurf wiederholt, erst dann drückt man die eigene Meinung aus:

«Du sagst, ich sei/hätte ... . Ich sehe das ganz anders ... »

Beim Streiten besteht die Gefahr, dass die Affekte das Gespräch zu sehr beherrschen. Wer auf der emotionalen Ebene reagiert, spricht auch beim Partner diese Ebene an. Wird vor der eigenen Reaktion zunächst wiederholt, was der Gegner einem vorwirft, gewinnt man etwas Zeit und Distanz.

Manchmal kann es genügen, diesen Prozess im Selbstgespräch ablaufen zu lassen. Wir fragen uns vor der Reaktion: «Worum geht es dem anderen eigentlich?» Dies kann die nötige Ruhe und Gelassenheit in einen Streit bringen.

Schiebezettel

Partner	10 Min.	ab 3. Sj.

Verfahren zum Schlichten kleiner Streitigkeiten

Konflikte lösen K 4

Das Ritual «Schiebezettel» dient dazu, einen Streit schriftlich statt mündlich ausfechten zu lassen, um ihm so etwas von der emotionalen Unmittelbarkeit zu nehmen. Es wird bei kleineren Zwistigkeiten und Streitereien angewandt, evtl. auch im Verlauf des Unterrichts. Die Streitenden dürfen dabei nicht direkt kommunizieren, weder mit Worten noch mit Gesten.

Anregung

- A notiert seinen Vorwurf. *Immer schreist du mir Schimpfnamen nach, du Idiot du!* Er reicht den Zettel über den Tisch.
- B antwortet: *Idiot ist doch auch ein Schimpfwort, nicht?* usw.

In der Regel reichen wenige Minuten des Hin und Her, damit sich die Gemüter beruhigen und sich der Vorfall ohne weitere Einmischung von außen erledigt.

Auswertung

- Was erschwert diese Art der Konfliktlösung?
- Unter welchen Bedingungen funktioniert sie gut – wann eher schlecht?
- Wie wird es erlebt, dass der Konflikt nicht anderen, z. B. der Lehrperson mitgeteilt werden kann, dass man also allein gelassen wird?

Der Vorteil des Verfahrens ist es, dass es ohne Unterrichtsstörung im Schulalltag eingesetzt werden kann. Allerdings sollte dialogisches Schreiben als Methode eingeführt werden, etwa als Spielform im Schreibunterricht. Die verfassten Dialoge können in der Klasse vorgelesen und diskutiert werden.

Klassenpost	Klasse	30 Min.	ab 3. Sj.
Schriftlich Stellung nehmen	Konflikte lösen		K 5

Sollte in einer Gruppe oder in der Klasse zu einem Thema eine lautstarke Kontroverse losbrechen, kann als beruhigende und klärende Zwischenphase die «Klassenpost» gespielt werden: Man darf und soll weiterhin kommunizieren, aber für eine Weile nur noch schriftlich.

Anregung

- Nehmt einen Zettel und notiert eure Meinung oder Botschaft für einen bestimmten Adressaten. Bringt ihm die Post.
- Antwortet auf erhaltene Post. Natürlich wird jede Nachricht unterzeichnet, es gibt keine anonymen Briefe.
- Nach einer Weile wird unterbrochen, damit die Positionen für alle sichtbar gemacht und geklärt werden können. Regel: Man darf seine Botschaften vorlesen, aber erst reagieren, wenn alle Botschaften bekannt sind.

Variante

- Geht die Botschaft die ganze Klasse an, wird sie vorgelesen oder an der Pinnwand publiziert. Wer will kann schriftlich Stellung beziehen. Die Stellungnahmen werden später an der Sitzung des Klassenrates vorgelesen und besprochen.

Auswertung

- Was löst diese Form des Aushandelns aus und inwiefern schränkt sie die Beteiligten ein?

Bei der «Klassenpost» kommen alle zu Wort. Aber es ist oft das Problem, dass jeder sich äußern, niemand aber zuhören bzw. lesen und reagieren will. Man muss darum manchmal dazwischen auch wieder eine Konferenzsituation schaffen.

Beim Spiel «Klassenpost» kommt es vor, dass sich Fraktionen zusammenschließen und ihre Botschaften gemeinsam verfassen. Diese Entwicklung sollte nur dann unterbunden werden, wenn der Streit dadurch wieder zu laut wird. Man sollte sich innerhalb der gleichen Fraktion flüsternd unterhalten und Strategien gemeinsam aushecken dürfen.

# Minderheitenschutz	Klasse	30 Min.	ab 3. Sj.
Auf die Minderheit Rücksicht nehmen	Konflikte lösen		K 6

Der hier vorgeschlagene Weg der Entscheidungsfindung in einer Schulklasse dient vor allem dem Schutz von Minderheiten, die nicht einfach überstimmt werden, sondern berücksichtigt werden sollen.

Anregung

- In einem Klassenrat werden von der Gruppe mehrere Möglichkeiten gesammelt, wie eine Entscheidung getroffen werden könnte.
- Dann wird jeder Vorschlag notiert und bei jedem Vorschlag lediglich gefragt, wer dagegen ist. Alle haben ein Vetorecht, jeder Schüler und auch die Lehrperson.
- Es werden nötigenfalls so lange Vorschläge gesammelt, bis ein Vorschlag gefunden wird, gegen den niemand das Veto einlegt.
- Sind mehrere Vorschläge ohne Veto vorhanden, kann nach üblichem Mehrheitsverfahren entschieden werden.

Varianten

- Falls kein Vorschlag die Zustimmung aller findet, kann derjenige aus einer Reihe von Vorschlägen gewählt werden, bei dem es am wenigsten Vetostimmen gibt.
- Diejenigen, die vom Vetorecht Gebrauch machen, dürfen sagen, wie der Vorschlag abgeändert werden müsste, damit sie zustimmen können. Dies soll den Weg zu konsensfähigen Vorschlägen abkürzen.

Die Demokratie folgt dem Grundsatz, dass die Mehrheit das Sagen hat. Dabei gehen die Anliegen von Minderheiten gerne unter. Die vorgeschlagene radikale Form des Minderheitenschutzes ist nur in überschaubaren Gruppen realisierbar, in denen der Wille vorhanden ist, möglichst allen Bedürfnissen gerecht zu werden.

Bei der Auswertung diskutiert die Klasse, ob auf diese Weise die beste Lösung gefunden worden ist und ob sich der Aufwand für die Suche nach konsensfähigen Vorschlägen gelohnt hat.

Sich gut fühlen

Klasse	20 Min.	ab 4. Sj.

Seine Gestimmtheit positiv beeinflussen

Konflikte lösen K 7

«Glück hängt nicht davon ab, wer man ist oder was man hat, sondern nur davon, was man denkt.» Für viele Menschen ist dieser Gedanke von Dale Carnegie zunächst fremd: Wird denn unsere Befindlichkeit nicht durch hundert äußere Einflüsse gesteuert, vom Wetter bis zur Laune der Mitmenschen? Wir denken, der Versuch, mit den eigenen Gefühlen und Gedanken eigenverantwortlich umzugehen, lohnt sich.

Anregung

- Schreibe in die linke Spalte eines Papierblattes untereinander alles auf, was dich im Augenblick daran hindert, dich gut zu fühlen.
- Überlege jetzt zu jeder Notiz, welches die gute Seite dieser Sache sein könnte, und schreibe sie in der rechten Spalte dazu.

Beispiele:

Ich habe keine Freundin	*Ich bin frei und offen für neue Beziehungen*
Ich fühle mich niedergeschlagen und schlapp	*Mein Körper ist gerade in einer Ruhe- und Erholungsphase*
Ich bin ein Morgenmuffel	*Meine Laune wird im Verlauf des Tages immer besser*

Auswertung

Tauscht miteinander Möglichkeiten aus, sich selbst gut zu stimmen.

Die Übung sollte immer wieder gemacht werden. Ziel ist es, zu wissen, dass man schlechten Gefühlen nicht einfach ausgeliefert ist, sondern Möglichkeiten hat, sie wegzustecken und sich selber positiv zu stimmen.

Konfliktformular

Partner	10 Min.	ab 4. Sj.

Ritualisierte Form der Konfliktlösung erarbeiten

Konflikte lösen K 8

Das Formular sollte von der Klasse anlässlich eines Klassenrates entwickelt werden.

Tritt ein Konflikt auf, kann das Formular zur Klärung, im Idealfall zur Konfliktbewältigung beitragen. Oft lassen sich kleine Streitigkeiten ohne weiteres Eingreifen der Lehrerin lösen.

Anregung

- Die beiden Streitenden füllen je für sich und ohne zu sprechen das Konfliktformular aus, um ihre Sicht der Dinge darzustellen.
- Sie tauschen das Formular aus und nehmen zu den Aussagen aus ihrer Sicht Stellung. Dann tauschen sie das Formular erneut.
- Sie versuchen im Verlauf der nächsten Runden ihre Lösungsvorschläge anzunähern, bis sie zu einer gemeinsamen Vereinbarung kommen.
- Jetzt unterschreiben sie beide Formulare – und erst jetzt dürfen sie auch wieder zusammen sprechen oder den Konflikt der Lehrperson unterbreiten.

Auswertung

Gelingt es euch, auf diese Weise ohne weitere Hilfe von außen kleine Konflikte zu lösen?

Konfliktformular

Namen der Betroffenen

Ort, Zeit

Kurze Beschreibung des Vorfalls

Partner 1

Mein Vorwurf an dich

Mein Fehler

Mein Lösungsvorschlag

Partner 2

Mein Vorwurf an dich

Mein Fehler

Mein Lösungsvorschlag

Vertrag

Unterschriften

Sieg der Vernunft

Klasse | 45 Min. | ab 4. Sj.

Niederlagenlos zu einer gemeinsamen Stellungnahme finden

Konflikte lösen — K 9

Es werden überzeugende Argumente gesucht und zugleich wird darauf geachtet, dass man die Position der Andersdenkenden zu verstehen versucht und wirklich aufeinander eingeht. Ziel ist es, zu einer gemeinsamen Position zu kommen, die alle akzeptieren können.

Anregung

- Die Gruppe entscheidet sich für ein Thema, zu dem es kontroverse Meinungen gibt. Die Positionen und Meinungen werden zuerst individuell überlegt, dann in einer Runde mitgeteilt.
- Bei den Meinungen, die sich von der eigenen unterscheiden, soll man sich überlegen, welche guten Gründe es für diese gibt.
- In der nun beginnenden Diskussion gilt die Regel, dass man zuerst sagt, welche guten Gründe der Vorredner vermutlich hat, so zu denken, wie er denkt, bevor man seine eigene Position formuliert. Man darf auch nach den Gründen fragen.
- Zwischendurch wird immer wieder versucht, eine gemeinsame Position zu formulieren und diskutiert, ob der aktuelle Formulierungsvorschlag Chancen hat, den Sieg der Vernunft darzustellen.

Auswertung

Gelingt es zu einer gemeinsamen, von allen als vernünftig erachteten Position zu gelangen?

Das Vorgehen ist sehr anspruchsvoll, weil gleichzeitig die eigene Position begründet werden muss und man über die guten Gründe der anderen nachdenken muss. Dieses Verfahren führt aber dazu, dass man schneller gemeinsame Absichten erkennt und einen Konsens findet.

Das Vorgehen ist nicht zu empfehlen für Klassen, in denen ein hoher gruppendynamischer Konformitätsdruck besteht. Es ist darauf zu achten, dass alle Kinder zu Wort kommen und ihre Meinung einbringen können. Begründungsloses Zustimmen sollte nicht zugelassen werden.

# Hilfe suchen	Einzeln Partner	Projekt	ab 4. Sj.
In schwierigen Situationen Hilfe beanspruchen	Konflikte lösen		K 10

Wir untersuchen, welche Möglichkeiten es gibt, in persönlich schwierigen Situationen Hilfe zu erhalten.

Anregung

- Freie Diskussion in der Klasse:
  - Was kann man tun, wenn jemand in einer schweren Krise steckt, nicht aus und ein weiß und jede Lebensfreude verloren hat?
  - Von welche Art solcher schwerer Krisen habt ihr schon gehört?
  - Von welchen Stellen, die professionelle Hilfe anbieten, habt ihr schon erfahren?
- Tragt die Anschrift oder die Telefonnummer möglicher Hilfen für Kinder und Jugendliche zusammen:
  - Amtsstellen wie Jugendfürsorge, Sozialamt, Polizei …
  - Sorgentelefon für Kinder; Dargebotene Hand …
  - Suche im Internet
- Versucht in Gruppen herauszufinden, welche spezifischen Hilfen von den verschiedenen Stellen erwartet werden können. Studiert die Angebote der Stellen oder führt eine Befragung durch.
- Tauscht die Ergebnisse in der Klasse aus. Stellt einen Leitfaden zusammen, in welchem ihr die Angebote beschreibt.

Kinder und Jugendliche geraten aus unterschiedlichen Gründen in Notlagen. Die Schule kann in der Regel wenig zur Bewältigung schwerer Konflikte beitragen. Aber sie kann auf Stellen aufmerksam machen und dazu ermuntern, die Angebote zu nutzen.

Inhaltsverzeichnis